WORKBOOK AND LABORATORY

À L'AVENTURE

AN INTRODUCTION TO FRENCH LANGUAGE AND FRANCOPHONE CULTURES

WORKBOOK AND LABORATORY MANUAL
TO ACCOMPANY

À L'AVENTURE

AN INTRODUCTION TO FRENCH LANGUAGE AND FRANCOPHONE CULTURES

Evelyne Charvier-Berman
El Camino College

Anne C. Cummings
El Camino College

Prepared by
Laird Hunt

JOHN WILEY & SONS, INC.
New York • Chichester • Weinheim • Brisbane • Singapore • Toronto

COVER PHOTO: S. B. Photography/Tony Stone Images/New York, Inc.

ISBN 0-471-16586-7

Printed in the United States of America

10 9 8 7 6 5 4 3

Printed and bound by Courier Westford, Inc.

PREFACE

This Workbook and Laboratory Manual accompanies the Anne C. Cummings and Evelyne Charvier-Berman first year French language textbook *À l'aventure*. It consists of two main parts.

Written Exercises / Exercises Ècrits

The Workbook section provides written exercises that closely correspond with the four-part *épisodes* structure followed in each chapter of the *À l'aventure* textbook. A variety of exercises provide both controlled and open-ended practice of the vocabulary and grammar presented in the textbook:

- grammar-specific exercises that practice new and recycled language structures;
- image-based exercises that provide both grammar and vocabulary practice;
- word-scramble and crossword puzzle exercises to practice new (as well as reinforce already learned) vocabulary;
- reading exercises that provide practice with French in natural contexts;
- both focused and open-ended creative writing exercises keyed either by reading or questions about the students' lives;
- a wrap up / *pour terminer* section at the end of each chapter.

Answers are provided for all but the open-ended and creative writing exercises in the Answer Key provided at the back.

Listening Exercises / Exercises Oraux

The Laboratory Manual section, also based on the *À l'aventure épisodes* structure is used in combination with the Laboratory Tape Recordings. The Laboratory Tape Recordings work to enhance the Student Tape or Audio CD included with the *À l'aventure* textbook by providing practice with new and recycled grammar and vocabulary through an assortment of listening exercises. The variety of exercises include:

- guided and contextualized exercises in which students practice vocabulary and structures through listening;
- overheard dialogue exercises in which students hear authentic, contextualized spoken French, in order to practice listening comprehension and reinforce structures;

- image-based exercises in which students are called upon to make sense of a chart or drawing through listening;
- multiple occasions for students to practice personal responses to context-based verbal cues.

Used in combination with the *À l'aventure* textbook and corresponding multi-media materials, the *À l'aventure* Workbook and Laboratory Manual, with its variety of exercises that have been crafted to help increase both written and oral / aural French proficiency, helps to provide a lively and comprehensive curriculum of Introductory French language study.

LAIRD HUNT

CONTENTS

LABORATORY MANUAL

Workbook

À L'AVENTURE

Chapitre préliminaire

❖

BONJOUR TOUT LE MONDE!

JE VOUS PRÉSENTE...

ACTIVITÉ 1: LES SALUTATIONS (VOIR PAGE 4)

How would you greet the following people? Write Bonjour, Monsieur / Madame / Mademoiselle
or Salut...

MODÈLE: A young female employee at the bakery: ___Bonjour, Mademoiselle___

1. your room-mate: _____

2. your friend's uncle: _____

3. your sister: _____

4. a prospective employer, Madame Dupré: _____

5. your friend, Marie-Pierre: _____

6. a young female employee at the French Embassy: _____

7. an old friend: _____

ACTIVITÉ 2: ENCHANTÉ(E)! (VOIR PAGE 5)

Complete the dialogues. Choose from the phrases below and write the appropriate responses.

Très bien, merci.　　　　　　Oui, ça va bien! Et toi?
Enchantée!　　　　　　　　　Je m'appelle Julie.
Moi, j'habite à Grenoble.　　Au revoir, Madame.

MODÈLE:　A: Salut, Julie! Ça va?

　　　　　　B: *Oui, ça va bien! Et toi?*

1.　A: Et vous, Madame Bouverot? Où habitez-vous?

　　B: _____

2.　A: Bonjour, Monsieur. Comment allez-vous?

　　B: _____

3.　A: Caroline, je te présente mon ami, Benjamin.

　　B: _____

4.　A: Au revoir, Monsieur.

　　B: _____

5.　A: Comment t'appelles-tu?

　　B: _____

ACTIVITÉ 3: LES NOMBRES (VOIR PAGE 6)

You and a group of friends are spending the weekend at a hotel. Your friend Benoît has checked you in, but refuses to say who will be staying in which room. Instead he gives you a list of scrambled numbers, tells you that you will find him and the keys in his room, then vanishes. Unscramble the numbers and write them on the door above each person's name.

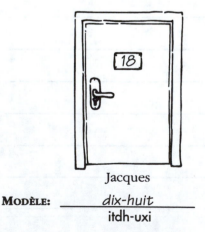

Jacques

MODÈLE:　　*dix-huit*
　　　　　　　　itdh-uxi

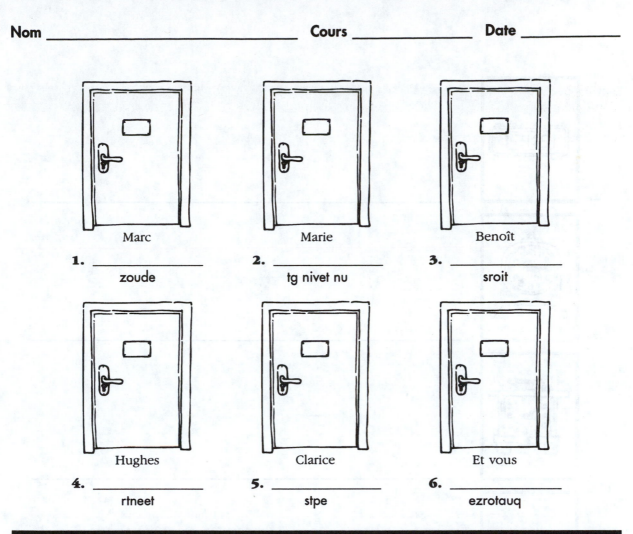

Marc

Marie

Benoît

1. _____
zoude

2. _____
tg nivet nu

3. _____
sroit

Hughes

Clarice

Et vous

4. _____
rtneet

5. _____
stpe

6. _____
ezrotauq

ACTIVITÉ 4: QUELLE HEURE EST-IL? (VOIR PAGE 7)

Look at each clock and write the time.

MODÈLE: _____ Il est trois heures dix. _____

1. _____

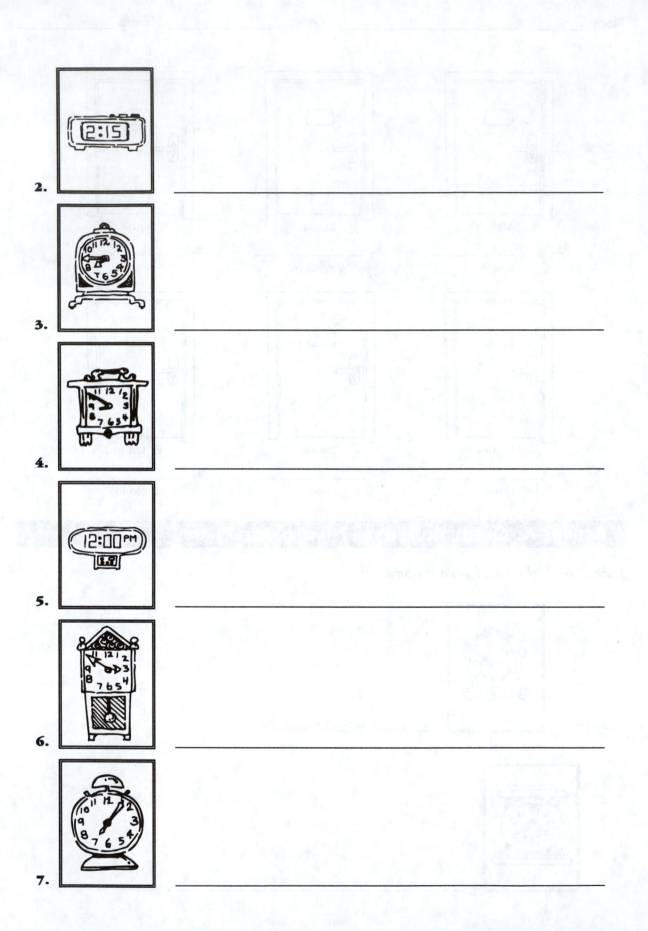

2. _____

3. _____

4. _____

5. _____

6. _____

7. _____

ACTIVITÉ 5: LES JOURS DE LA SEMAINE (VOIR PAGE 8)

A. Complete the conversations. Check (✓) the appropriate responses.

> MODÈLE: Quelle est la date aujourd'hui?
>
> **a.** C'est vendredi.
>
> ✓ **b.** C'est le 14.

1. Quelle est la date aujourd'hui?

a. C'est le 27.

b. C'est un jeudi.

2. Quel jour est le quinze?

a. C'est un mardi.

b. C'est mardi.

3. Quelle est la date aujourd'hui?

a. C'est dimanche.

b. C'est le 14

4. Quel jour est-ce aujourd'hui?

a. C'est le 5.

b. C'est lundi.

5. Quel jour est le 31?

a. C'est dimanche.

b. C'est un dimanche.

B. Look at a calendar for next month. On which days do the following dates fall?

> MODÈLE: Le 30? _____C'est un mercredi.____

1. le 27? _____

2. le 3? _____

3. le 17? _____

4. le 10? _____

5. le 21? _____

ACTIVITÉ 6: LE TEMPS (VOIR PAGE 9)

A. Look at the weather map for France. For 1–3 write the answers. For 4–6 write the questions.

> MODÈLES: A: Aujourd'hui, quel temps fait-il à Rouen?
>
> B. _Aujourd'hui, il pleut à Rouen._

1. A: Aujourd'hui, quel temps fait-il à Strasbourg?

B: _____

_____

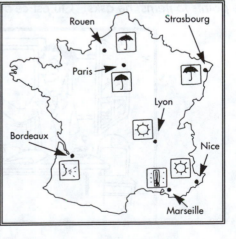

2. A: Aujourd'hui, quel temps fait-il à Bordeaux?

B: _____

3. A: Aujourd'hui, quel temps fait-il à Lyon?

B: _____

4. A: _____

B: Aujourd'hui, il pleut à Paris.

5. A: _____

B: Aujourd'hui, il fait chaud à Marseille.

6. A: _____

B: Aujourd'hui, il fait beau à Nice.

B. *Based on the weather map, check (✓) oui for cities you would like to visit today. Check non for cities you would avoid.*

	Oui	**Non**
Rouen:	_____	_____
Nice:	_____	_____
Strasbourg:	_____	_____
Marseille:	_____	_____
Bordeaux:	_____	_____
Lyon:	_____	_____
Paris:	_____	_____

ACTIVITÉ 7: LA SALLE DE CLASSE (VOIR PAGE 11)

A. *Monsieur Ducharme, the new French teacher is giving his class a quick vocabulary review. As he points to items, he asks, "Qu'est-ce que c'est?" Write the answer for each of the numbered items.*

MODÈLE: _____ *C'est une porte.* _____

1. _____

2. _____

3. _____

4. _____

5. _____

6. _____

7. _____

8. _____

B. For one of the items, the question Monsieur Ducharme asked was not "Qu'est-ce que c'est?" Which number was it? What question did he ask?

_____

_____

ACTIVITÉ 8: QU'EST-CE QUE C'EST?/QUI EST-CE? (VOIR PAGE 11)

For each of the following write the appropriate question and answer.

MODÈLE: un livre   un homme

  Qu'est-ce que c'est?   *Qui est-ce?*

  C'est un livre.   *C'est un homme.*

1. un professeur

_____

_____

2. une étudiante

_____

_____

3. une agrafeuse

_____

_____

4. un cahier

_____

_____

5. un étudiant

_____

_____

6. un stylo

_____

_____

7. Madame Chartrand

_____

_____

8. une femme

_____

_____

9. Benjamin

_____

_____

ACTIVITÉ 9: EXPRESSIONS UTILES DANS LA CLASSE (VOIR PAGE 12)

A. _Divide the following expressions into two lists: things your French teacher would be likely to say, and things that you would be likely to say. Complete the chart._

Écoutez, s'il vous plaît.	Oui, Monsieur/Madame.
Ouvrez votre livre.	Rendez vos devoirs.
Effacez le tableau.	Je ne sais pas.
Je ne comprends pas.	Voilà mes devoirs.
Écrivez votre nom.	Répétez, s'il vous plaît.

YOUR FRENCH TEACHER	YOU
_____	_____
_____	_____
_____	_____

_____ _____

_____ _____

B. What would you say in the following situations? Use the expressions in Part A.

MODÈLE: Your teacher has spoken too quickly and you would like her to repeat what she has just said.

<u>Répétez, s'il vous plaît.</u>

1. You are the teacher and one of your students hasn't opened her book.

_____

2. You don't understand what your teacher has just said.

_____

3. Your teacher asks you who the King of France was in 1474 and you don't know.

_____

4. You are the teacher and you want your students to listen to you.

_____

5. Your teacher says, "Épelez votre nom, s'il vous plaît."

_____

ACTIVITÉ 10: POUR TERMINER (TO WRAP IT UP)

A. Match the responses on the right with the appropriate questions or statements on the left. Write the exchanges.

MODÈLE: ___e___ A: Où habitez-vous?

B: <u>Moi, j'habite à Brest.</u>

_____ **1.** A: Salut Benjamin! Ça va?

B: _____

_____ **2.** A: Quelle est la date aujourd'hui?

B: _____

_____ **3.** A: Je vous présente mon amie, Caroline.

B: _____

_____ **4.** A: Ton numéro de téléphone, s'il te plaît?

B: _____

a. C'est Madame Chartrand.
b. 44–09–02–22–31.
c. Il pleut.
d. C'est un bureau.
e. Moi, j'habite à Brest.
f. Au revoir, Madame.
g. Oui, ça va.
h. Enchantée.
i. J-U-L-I-E.
j. Aujourd'hui, c'est le 3.

_____ **5.** A: Qu'est-ce que c'est?

B: _____

_____ **6.** A: Épelez votre nom, s'il vous plaît.

B: _____

_____ **7.** A: Cette femme, qui est-ce?

B: _____

_____ **8.** A: Quel temps fait-il à Nice aujourd'hui?

B: _____

_____ **9.** A: Au revoir, Monsieur.

B: _____

B. ET VOUS? *Write a few sentences about yourself. For example: What's your name? Where do you live? What's the date today? What time is it right now? What's the weather like? What is a place you adore? What's the weather like there? What time is it there?*

C'est l'heure de la première leçon de M. Tran.
Caroline a un peu le trac. Est-ce que je vais
être un bon professeur? Est-ce que M. Tran va
comprendre mes explications?
Quelqu'un sonne..
Quand Caroline ouvre, il y a un homme d'affaires
à la porte.
M. Tran? Vous venez pour votre leçon d'anglais?
Mais Oui. Je suis désolé d'être en retard, mais
j'arrive de Notre-Dame de Bondeville de l'autre
côté de Rouen.
Entrez. Asseyez-vous. Je viens de faire du café
Vous en voulez une tasse?
Oui, très volontiers. Merci. Pendent la leçon, Carol
apprend que M. Tran vient du Viêt-nam, mais il a fait ses
études en France. Dans deux mois, il va faire un voyage

Chapitre préliminaire

d'affaires en Angleterre. et il a besoin de perfectionner son ang à la fin de le leçon, M. Tran est très content.

Merci infiniment! J'ai l'impression que mon anglais commence à revenir.

Vous voyez, ce n'est pas si difficile que ça!

Je vous dois combien, mademoiselle?

Cent francs, monsieur

M. Tran cherche son portefeuille, mais il ne le trouve pas

Oh, je suis vraiment désolé! J'ai laissé mon portefeuille au bureau.

Chapitre 1 • L'ARRIVÉE

PREMIER ÉPISODE

ACTIVITÉ 1: LES PRONOMS PERSONNELS SUJETS (VOIR PAGE 19)

A. *Where does everyone live? Where are they right now? Fill in the blanks with the missing subject pronouns.*

MODÈLE: A: Où est Benjamin?

B: _____il_____ est dans la classe.

1. A: Où est Julie?

B: _____ est à la pharmacie.

2. A: Où sont les étudiantes?

B: _____ sont à Nice.

3. A: Où est Benjamin maintenant?

B: _____ à la gare.

4. A: Où habites-_____ maintenant? (addressing an old friend)

B: _____ habite à Marseille.

5. A: Où habitez-_____, monsieur? (addressing an elderly gentleman)

    B: _____ habite à Toulon.

6. A: Où habitez-_____? (addressing Georges and Anne)

    B: Georges et moi, _____ habitons à Paris.

7. A: Où est Catherine maintenant?

    B: _____ est à la gare.

8. A: Où sont Paul et Virginie?

    B: _____ sont à l'université.

B. *You have decided that today you are going to speak French to everyone you know, whether they understand you or not! Write the subject pronoun,* vous *or* tu, *you would use to address the following people.*

    MODÈLE: your new French boss: _____ vous _____

    1. your brother: _____

    2. your five-year-old niece: _____

    3. your mother and father: _____

    4. your best friends: _____

    5. your cat: _____

    6. your French teacher: _____

    7. a salesperson in a store: _____

C. *Think of two or three things you could say to one of the people in Part B. (If you need some ideas, look at the list of adjectives on page 21 of your student book.)*

    MODÈLE: <u>To my cat: Tu es paresseux, mais rarement désagréable. Tu es toujours</u>

        <u>calme, mais rarement énergique.</u>

_____

_____

_____

_____

_____

ACTIVITÉ 2: LE VERBE *ÊTRE* (VOIR PAGE 20)

A. *Complete the sentences. Use a form of the verb être.*

MODÈLE: Maria _____*est*_____ une étudiante.

1. Monsieur Chartrand et Madame Laforgue _____ professeurs.

2. J'adore Charles. Il _____ très sympathique.

3. Tu _____ contente?

4. Oui, je _____ contente.

5. Claire _____ un peu timide.

6. Vous _____ français?

7. Nous _____ américains.

8. Mon ami _____ grand, honnête et agréable.

9. Julie et Caroline _____ à la maison.

10. Madame Bouverot _____ toujours optimiste.

11. Julie et moi, _____ étudiantes à Rouen.

B. *C'EST / CE SONT. Monsieur Ducharme, the French teacher, has taped these pictures to his blackboard. What (or who) are they? Use c'est or ce sont.*

MODÈLE: _____ Ce sont des femmes. _____

1. _____

2. _____

3. _____

4. _____

5. _____

C. Benjamin has just had a role of film developed and is showing his friend, Jean-Loup, pictures of his famille française. Choose the appropriate words and complete their conversation.

MODÈLE: (elle est / c'est)

Jean-Loup: Qui est-ce?

Benjamin: _____C'est_____ ma mère française, Madame Bouverot.

1. (elle est / c'est)

Jean-Loup: _____ agréable?

Benjamin: Oui, _____ très agréable.

2. (il est / c'est)

Jean-Loup: Il est triste?

Benjamin: _____ possible.

3. (il est / c'est)

Jean-Loup: Qui est-ce?

Benjamin: _____ Monsieur Bouverot.

4. (ils sont / ce sont)

Jean-Loup: Monsieur et Madáme Bouverot sont sympathiques?

Benjamin: Mais oui, _____ très sympathiques!

5. (elle est / c'est)

Jean-Loup: Qui est-ce?

Benjamin: _____ Dominique.

DEUXIÈME ÉPISODE

ACTIVITÉ 3: LES ADJECTIFS QUALIFICATIFS (VOIR PAGE 21 ET 27)

A. *Divide the following words into two lists:* positif *(positive)* and négatif *(negative) traits. Complete the chart.*

| ✓ agréable | désagréable | honnête | paresseux / paresseuse | sévère |
| content(e) | énergique | optimiste | pessimiste | triste |

	POSITIF	**NÉGATIF**
MODÈLE:	_____ agréable _____	_____
	_____	_____
	_____	_____
	_____	_____

Use some of the adjectives in Part A to describe someone you like and someone you don't like.

MODÈLE: Mike est agréable, optimiste et énergique, mais Paul est pessimiste et

désagréable. _____

_____

_____

_____

B. *MASCULIN OU FÉMININ? SINGULIER OU PLURIEL? Complete the sentences with the appropriate adjectives.*

MODÈLE: Julie est _____ française. _____ .

français   françaises   (française)

1. Madame Zola est énergique et très _____ .

active   actifs   actif

2. Sarah et Matt sont _____ .

américain   américaines   américains

3. Habib est rarement _____ .

paresseuse   paresseux   paresseuses

4. Nous sommes _____ de faire votre connaissance.

enchanté enchantées enchantés

5. Monsieur et Madame Bouverot sont toujours _____.

content contents contentes

C. *COMMENT SONT-ILS? OÙ SONT ILS? Look at the following pictures. Describe the people you see. What are they like? What do they look like? Are they married or single? What is their nationality? Where are they? Use your imagination!*

MODÈLE: Il s'appelle Monsieur Tavernier. Il est français. Il est grand et mince. Il est très sérieux, mais toujours sympathique. Il habite à Paris. Il est à la gare.

1. _____

_____

_____

2. _____

_____

_____

3.

D. ET VOUS? *Write about yourself. Are you single? married? divorced? widowed? What's your nationality? Where possible, use* toujours, souvent, quelquefois, *and* rarement.

MODÈLE: Je suis marocain. Je suis divorcé. Je suis souvent paresseux, mais rarement

désagréable. Je suis triste quelquefois, mais toujours optimiste.

_____

_____

_____

TROISIÈME ÉPISODE

ACTIVITÉ 4: LES ARTICLES INDÉFINIS (VOIR PAGE 32 & 33)

A. *If you were sitting in a café in Grenoble or Rouen, you would be likely to hear sentences like the following. Complete them with* un, une, *or* des.

MODÈLE: Je voudrais _____ un _____ chocolat chaud, s'il vous plaît.

1. C'est _____ croque-monsieur.

2. _____ thé, s'il vous plaît.

3. Ce sont _____ omelettes.

4. C'est combien _____ verre de lait?

5. C'est combien _____ pizza?

6. C'est _____ menthe à l'eau.

7. Est-ce que vous avez _____ sandwichs?

8. _____ eau minérale, s'il vous plaît.

B. *You are at the Café des Ternes with a group of friends. Look at the amount of money they have with them. Imagine what they might select. Then order for them.*

Words to use:
*Rien pour moi,
merci* (Nothing
for me, thanks).

CAFÉ DES TERNES

BOISSONS

café	*5.50F*
thé	*10F*
chocolat	*11F*
bière	*15F*
limonade	*12F*
menthe à l'eau	*12F*
citron pressé	*15F*
eau minérale	*10F*
Coca	*15F*

EN-CAS

croissant	*10F*
pizza	*17F*
sandwich au jambon	*18F*
croque-monsieur	*22F*
omelette	*25F*

MODÈLE: Claire/20F   Un jus d'orange, s'il vous plaît.   or

Je voudrais un Coca.

1. Jean-Marc/10F _____

2. Marie-Hélène/45F _____

3. Christophe/30F _____

4. Margot/12F _____

5. Philippe/200F _____

6. Thierry/5F _____

7. Paul/33F _____

8. Anne/250F _____

QUATRIÈME ÉPISODE

ACTIVITÉ 5: LES VERBES RÉGULIERS EN -ER (VOIR PAGE 39)

Complete the following sentences with the correct form of the verb.

MODÈLE: nager Marc _____ *nage* _____ très bien.

1. **téléphoner**

   Après son cours, Maria _____ à sa mère.

2. **manger, manger**

   Est-ce que vous _____ souvent en ville? Anne-Marie et moi

   _____ toujours à la maison.

3. **fumer**

   Non, je ne _____ pas!

4. **aimer, adorer**

   Est-ce que tu _____ la pizza. Mais oui, j'_____
   la pizza!

5. **chercher**

   Alan _____ son père français.

6. **voyager**

   Vous _____ souvent? Non, rarement.

7. **détester, manger**

   Ils _____ les sandwichs. Alors ils _____
   des omelettes.

8. **travailler, être**

   Madame Goldstein _____ trop et elle

   n'_____ pas contente!

9. **skier, skier**

   Est-ce que vous _____? Oui, mais je _____
   très mal.

ACTIVITÉ 6. LES ADVERBES

A. *Which of the following do you do well? Which do you do poorly? Check (✓) either bien or mal.*

	BIEN	**MAL**
1. skier	☐	☐
2. chanter	☐	☐
3. danser	☐	☐
4. jouer (au golf)	☐	☐
5. nager	☐	☐

B. *Which of the following do you do just enough? Which do you do too much? Check (✓) either assez or trop.*

	ASSEZ	**TROP**
1. étudier	☐	☐
2. manger	☐	☐
3. travailler	☐	☐
4. voyager	☐	☐
5. téléphoner	☐	☐

C. *Based on what you have checked above, answer the following questions.*

MODÈLE: Est-ce que tu nages bien? _____ Non, je nage mal. / Oui, je nage bien. _____

1. Est-ce que tu danses bien? _____

2. Est-ce que tu manges assez? _____

3. Est-ce que tu travailles trop? _____

4. Est-ce que tu nages bien? _____

5. Est-ce que tu étudies assez? _____

ACTIVITÉ 7: POUR TERMINER!

A. UNE CARTE POSTALE DE GRENOBLE. Benjamin is writing a postcard to Julie in Rouen. Help him finish it. Choose the correct words from the list. Use the correct form of the verbs.

sympathiques	adorer
ça	manger
formidable	beau
contente	habiter

GRENOBLE

Salut Julie!

Comment _____ va?

Moi, je vais très bien. Grenoble est

une ville _____ et les

Bouverot sont _____.

Le soir on _____ toujours

ensemble et on regarde souvent la

télévision. J' _____ la

cuisine française! Et toi, Julie? Où

est-ce que tu _____?

Est-ce que tu es _____?

Quel temps fait-il à Rouen? À

Grenoble il fait _____.

Ecris-moi!

_____

_____

_____

_____

B. EST-CE VRAI OU FAUX? Decide whether each statement is true or false. Write vrai or faux. Try to correct any false statement.

_____ **1.** Benjamin est content.

_____

_____ **2.** Il déteste les Bouverot.

_____

_____ **3.** Ils regardent souvent la télévision.

_____

_____ **4.** Benjamin aime la cuisine française.

_____

_____ **5.** Il pleut et il fait du vent à Grenoble.

_____

C. Et vous? Write a short letter to Benjamin in Grenoble telling him about yourself. Describe yourself, your friends, and your family. Use adverbs like bien, mal, or assez. Ask him some questions. Use your imagination.

_____

_____

_____

_____

_____

_____

_____

_____

_____

_____

_____

_____

_____

_____

_____

_____

Chapitre 2 ◈ JULIE S'INSTALLE

PREMIER ÉPISODE

ACTIVITÉ 1: L'ARTICLE DÉFINI (VOIR PAGE 49 ET 50)

A. *Claude is trying to decide what courses to take. He has made a list of possible subjects and has marked them, !!! (J'adore), !! (J'aime), et – (Je déteste). Read his list. Then write whether the sentences below are true* vrai *or false* faux.

MODÈLE: Claude adore la biologie. ___faux___

1. Il aime le japonais. _____

2. Il déteste les mathématiques. _____

3. Il aime l'économie. _____

4. Il déteste la littérature. _____

5. Il adore la géographie. _____

6. Il déteste la psychologie. _____

7. Il adore l'informatique. _____

L'anglais	///
Le Japonais	//
La biologie	//
L'économie	–
La géographie	//
L'informatique	///
La littérature	//
La psychologie	///
Les mathématiques	–

B. **ET VOUS? QU'EN PENSEZ-VOUS?** *Make a list of some of the subjects you have taken or would like to take. Tell how you feel about them.*

MODÈLE: les sciences-politiques

J'adore les sciences-politiques.

1. _____

_____

2. _____

_____

3. _____

_____

4. _____

_____

5. _____

_____

6. _____

_____

7. _____

_____

8. _____

_____

ACTIVITÉ 2: DE + L'ARTICLE DÉFINI (VOIR PAGE 51 & 52)

A. **C'EST A QUI?** *Monsieur Ducharme has asked the students in his class to put different things on his desk while he covers his eyes. When he uncovers them he tries to guess the owner of each object. He doesn't do a very good job! Correct the sentences.*

MODÈLE: Monsieur Ducharme: C'est le sac à dos de Bob? (Kathie)

Class: _____ Non, c'est le sac à dos de Kathie. _____

1. Monsieur Ducharme: C'est le livre d'Enrique? (Birgit)

La Classe: _____

2. Monsieur Ducharme: C'est la calculatrice de Mike? (Lisa)

    La Classe: _____

3. Monsieur Ducharme: C'est le baladeur de Sandra? (Denise)

    La Classe: _____

4. Monsieur Ducharme: Ce sont les cassettes de Garrett? (Heather)

    La Classe: _____

B. *Look at the pictures. To whom (or what) do these things belong (to)?*

le professeur

MODÈLE: _____ *C'est le stylo du professeur.* _____

Denise

1. _____

Fred

2. _____

les enfants

3. _____

 la cathédrale

4. _____

 la classe

5. _____

 Anne

6. _____

 l'étudiant

7. _____

la photographie

8. _____

DEUXIÈME ÈPISODE

ACTIVITÉ 3: LA NÉGATION (VOIR PAGE 56)

A. *Your friend has it all wrong! Correct her. Write sentences using the words given in parentheses.*

MODÈLE: Christophe travaille à la banque. (la pharmacie)

Mais non, Christophe ne travaille pas à la banque. Il travaille à la pharmacie.

1. C'est le café de la gare. (l'aéroport)

_____

2. Aujourd'hui il fait très beau. (il pleut)

_____

3. Benjamin est étudiant à la Sorbonne. (l'Université de Grenoble)

_____

4. Anne et Manuel sont célibataires. (mariés)

_____

5. Les Bouverot sont chinois. (français)

_____

6. C'est l'aspirine de Claire. (Marie)

_____

7. Le français est ennuyeux. (intéressant)

_____

B. *Madame Duprès is in the mood to wear bright colors for a change. She has just come back from a shopping spree and is having her friend, Madame Duparc, guess the colors of the things she has bought. Use the words given and correct Madame Duparc.*

MODÈLE: Madame Duparc: Est-ce que la robe est bleue? (rouge)

Madame Duprès: Non, elle n'est pas bleue. Elle est rouge.

1. Madame Duparc: Est-ce que les chaussures sont noires? (orange)

Madame Duprès: _____

2. Madame Duparc: Est-ce que les chaussettes sont marron? (violet)

Madame Duprès: _____

3. Madame Duparc: La jupe est grise? (rose)

Madame Duprès: _____

4. Madame Duparc: Le tee-shirt est blanc? (vert)

Madame Duprès: _____

5. Madame Duparc: Est-ce que les tennis sont beiges? (jaune)

Madame Duprès: _____

ACTIVITÉ 4: QUELQUES COULEURS ET VÊTEMENTS (VOIR PAGE 57)

A. *How often do you wear the following articles of clothing: Write sentences using* rarement, souvent, toujours *or* ne . . . jamais.

> **MODÈLE:** chemises vertes
>
> <u>Moi, je porte rarement des chemises vertes.</u>　　or
>
> <u>Moi, je porte souvent des chemises vertes.</u>　　or
>
> <u>Moi, je ne porte jamais de chemises vertes.</u>

1. vêtements chic

_____

2. chaussettes sales

_____

3. collant noir

_____

4. chaussures confortables

_____

5. veste orange

_____

6. jean

_____

7. robe chère

_____

8. imperméable

_____

9. baskets

_____

10. vêtements bon marché

_____

B. *Is your French teacher stylish or casual? Conservative or chic? Describe his / her typical outfits.*

MODÈLE: Mon professeur de français porte toujours des vêtements chic. Elle porte

des robes noires avec des chemisiers élégants.

_____

_____

_____

ACTIVITÉ 5: LES ADJECTIFS (VOIR PAGE 59 ET 60)

A. *The following adjectives go either before or after the nouns they modify. Write the adjectives in the correct column.*

bleu	vietnamien	intéressant	sale
petit	élégant	nouveau	bon
grand	cher	vieille	

	DEVANT	APRÈS
MODÈLE:	_____	bleu
	_____	_____
	_____	_____
	_____	_____
	_____	_____
	_____	_____

B. **QU'EST-CE QUE C'EST?** *Use the words given to describe each object.*

MODÈLE: robe / bleu _____ C'est une robe bleue. _____

1. sac à dos /petit _____

2. appartement / grand _____

3. chemises / sale _____

4. livre / intéressant _____

5. maison / vieille _____

6. robe / nouvelle _____

7. omelettes / gros _____

8. café / cher _____

9. jupe / élégant _____

10. restaurant / vietnamien _____

TROISIÈME ÉPISODE

ACTIVITÉ 6: LES VERBES DE PRÉFÉRENCE EN -ER (VOIR PAGE 65)

A. *Read the following passage in which Marie introduces herself. Underline all the verbs of preference.*

Salut! Je m'appelle Marie. Je suis étudiante en droit. J'ai 23 ans et j'habite à Rouen. J'aime Rouen, mais je préfère Paris où mon frère* Jean-Georges habite. Je suis un peu timide, mais je suis optimiste et j'ai beaucoup d'amis. Je déteste les gens pessimistes. J'adore regarder les vieux films américains et j'écoute souvent la radio. Je fume quelquefois, mais pas souvent. J'aime bien les vêtements chic, mais j'aime mieux les vêtements confortables. J'aime beaucoup le chocolat et le rouge est ma couleur préférée. Et toi?

* brother

B. **EST-CE VRAI OU FAUX?** *Write whether each statement is* vrai *or* faux. *Try to correct any false statements.*

MODÈLE: Marie habite à Paris avec son frère Jean-Georges.   _____faux_____

   _Elle n'habite pas à Paris avec son frère. Elle habite à Rouen._____

1. Marie étudie l'économie.   _____

   _____

2. Marie n'aime pas Paris.   _____

   _____

3. Marie déteste les gens pessimistes. _____

_____

4. Elle adore regarder les vieux films français. _____

_____

5. Elle fume beaucoup. _____

_____

6. Elle aime bien les vêtements chic. _____

_____

7. Elle déteste les vêtements confortables. _____

_____

8. Le rouge est sa couleur préférée. _____

_____

C. What do you like? What do you hate? Write the answers to the questions below.

MODÈLE: Aimez-vous les vieux films américains?

Oui, j'aime beaucoup regarder les vieux films américains.   or

Non, je n'aime pas regarder les vieux films américains.   or

Non, je préfère les vieux films anglais.

1. Aimez-vous voyager?

_____

2. Vous aimez étudier le français?

_____

3. Vous aimez les vêtements chic?

_____

4. Est-ce que vous aimez fumer?

_____

5. Aimez-vous le chocolat?

_____

QUATRIÈME ÉPISODE

ACTIVITÉ 7: L'INTERROGATION (VOIR PAGE 70)

Sébastien is out on his first date with Stéphanie, but he is getting it all wrong! Complete their conversation. Use n'est-ce pas, est-ce que and the words in parentheses.

MODÈLE: Tu adores la musique classique, n'est-ce pas?

Non, je déteste la musique classique. (préferer) (le rock)

Alors, est-ce que tu préfères le rock?

Non!

1. Sébastien: _____

Stéphanie: Non, je n'aime pas du tout regarder les vieux films! (aimer beaucoup) (les nouveaux films)

Sébastien: _____

Stéphanie: Non!

2. Sébastien: _____

Stéphanie: Non, je n'aime pas nager! (aimer bien) (skier)

Sébastien: _____

Stéphanie: Non!

3. Sébastien: _____

Stéphanie: Non, je déteste le vin rouge! (aimer mieux) (le vin blanc)

Sébastien: _____

Stéphanie: Non!

4. Sébastien: _____

Stéphanie: Non, je n'aime pas du tout les vêtements chic! (adorer) (vêtements simples)

Sébastien: _____

Stéphanie: Non!

Sébastien: Zut alors. Mais, qu'est-ce que tu aimes?

ACTIVITÉ 8: Pour Terminer!

Takiko is writing her first letter in French. Help her complete this paragraph. Use the correct form of the verbs and adjectives.

être	s'appeler	thé à la menthe	rarement	joli
aimer mieux	chic	détester	beau	

Je _____ contente d'être à Rouen. C'est une _____

vieille ville. On va souvent au café, mais on va _____ au restaurant.

Au café je prend toujours un _____ ou un Coca. Je

_____ les sandwichs français, mais j'adore les croque-monsieur. Et

la résidence...? Ça va. Ma camarade de chambre est espagnole. Elle

_____ Carla. Elle est très jolie et elle porte toujours des vêtements

_____.

B. Et Vous? *Now it's your turn. Write a letter about yourself. Use verbs like* aimer, préférer, *and* détester. *Ask questions using* n'est-ce pas *and* est-ce que. *Use as many adjectives as you can.*

_____

_____

_____

_____

_____

_____

_____

_____

_____

_____

Chapitre 3 ◆ À LA MAISON

PREMIER ÉPISODE

ACTIVITÉ 1: LE VERBE *AVOIR* (VOIR PAGE 80)

A. *Complete the following sentences with the correct form of the verb* avoir.

MODÈLE: Ils _____ont_____ un chien qui s'appelle Dallas.

1. On _____ un ordinateur à la maison.

2. J'_____ deux amis américains.

3. Est-ce que vous _____ une radio?

4. Nous _____ une grande télévision noire et blanche.

5. Mais non, Madame Curie n'_____ pas de robes orange!

6. _____-vous l'heure?

7. Tu n'_____ pas de lecteur de disques compacts?

8. Moi, j'_____ deux sœurs et un frère.

9. Monsieur et Madame Bouverot _____ cinq téléphones? C'est beaucoup!

10. Non, Richard n'_____ pas d'ordinateur.

B. *Madame Chung has just opened a mail order electronics store. Unfortunately, although the phone has begun ringing, some of her stock hasn't come in. Read the questions and complete Mrs. Chung's answers.*

> **MODÈLE:** Client: Avez-vous des magnétoscopes?
>
> Madame Chung: _____ Non, je n'ai pas de magnétoscope. _____

1. Client 1: Avez-vous des grandes télévisions?

Madame Chung: Oui, _____

2. Cliente 2: Avez-vous un ordinateur?

Madame Chung: Non, _____

3. Client 3: Avez-vous des stéréos?

Madame Chung: Non, monsieur. Nous _____

4. Cliente 4: Avez-vous des répondeurs?

Madame Chung: Oui, madame. Nous _____

5. Client 5: Avez-vous des lecteurs de disques compacts?

Madame Chung: Non, _____

ACTIVITÉ 2: L'ES EXPRESSIONS *IL Y A*, *VOILÀ* (VOIR PAGE **82** ET **83**)

Complete the following sentences with Voilà *or* Il y a

> **MODÈLE:** _____ Voilà _____ Pierre. Il a 18 ans.

1. _____ 15 étudiants dans la classe de Monsieur Ducharme.

2. _____ ma chambre. Elle est belle, n'est-ce pas?

3. _____ la salle de séjour.

4. _____ trois livres sur mon bureau.

5. Est-ce qu' _____ une salle de bains dans la chambre?

6. _____ Dominique. Elle est étudiante.

7. Dans la salle à manger _____ une grande table.

ACTIVITÉ 3: LA MAISON (VOIR PAGES 83 ET 84)

A. *Put the words below in the appropriate categories and complete the chart.*

une chaise	une chambre	une commode	un fauteuil
une glace	un lecteur de disques compacts	✓ un ordinateur	la cuisine
le rez-de-chaussée	un répondeur	un magnétoscope	la salle de séjour
les w.c.	un lit	un baladeur	

INFORMATIQUE, VIDEO ET HI-FI	LA MAISON	LES MEUBLES
un ordinateur	_____	_____
_____	_____	_____
_____	_____	_____
_____	_____	_____
_____	_____	_____

B. *Look at Dominique's room. Write a few sentences comparing her room to yours. Use words from Part A or your own words.*

MODÈLE: Dans ma chambre il y a un lit et une
commode, mais il n'y a pas de bureau.
Il y a un tapis et une chaise, mais il
n'y a pas de glace. Dans ma chambre
il y a une télévision et un magnétoscope mais il n'y a pas d'ordinateur.
La chambre de Dominique est petite.
Ma chambre est très grande et il y a
beaucoup de fenêtres...

_____

_____

_____

_____

_____

ACTIVITÉ 4: LES ADJECTIFS POSSESSIFS (VOIR PAGE 88)

A. C'EST À QUI? *Confirm ownership of the items below by using the appropriate possessive pronoun.*

> **MODÈLE:** C'est la jupe de Claire, n'est-ce pas?
>
> *Oui, c'est sa jupe.*

1. Ce sont les baskets de Jean-Loup, n'est-ce pas?

_____

2. C'est ton père, n'est-ce pas?

_____

3. C'est la grand-mère de Charles et Sophie, n'est-ce pas?

_____

4. C'est le chat de Fabrice, n'est-ce pas?

_____

5. C'est la maison de votre famille, n'est-ce pas?

_____

6. Ce sont nos sandwichs, n'est-ce pas?

_____

7. C'est mon stylo, n'est-ce pas? (vous)

_____

8. C'est ma calculatrice, n'est-ce pas? (tu)

_____

9. C'est la cousine de ton grand-père, n'est-ce pas?

_____

10. Ce sont les chaussettes de Christophe, n'est-ce pas?

_____

ACTIVITÉ 5: LES MEMBRES DE LA FAMILLE (VOIR PAGE 90)

Complete the following chart.

	FEMMES	HOMMES
MODÈLE:	la femme	le mari
	la mère	_____
	_____	le fils
	_____	le grand-père
	la tante	_____
	la nièce	_____
	_____	le cousin

B. *Describe 3 or 4 members of your family (or of a family you imagine).*

MODÈLE: Mon père est grand et sympathique. Il travaille beaucoup. Il s'appelle

Stephen. Ma mère s'appelle Kathie. Elle est très intelligente. Elle habite à

Baltimore. Ma sœur habite en Californie et elle s'appelle Lorna. Elle adore

chanter. Mon grand-père et ma grand-mère habitent en Australie. Leur

chien s'appelle Bob...

_____

_____

_____

_____

_____

_____

_____

_____

ACTIVITÉ 6: LES EXPRESSIONS AVEC *AVOIR* (VOIR PAGE 94)

Choose an appropriate expression and write about each picture.

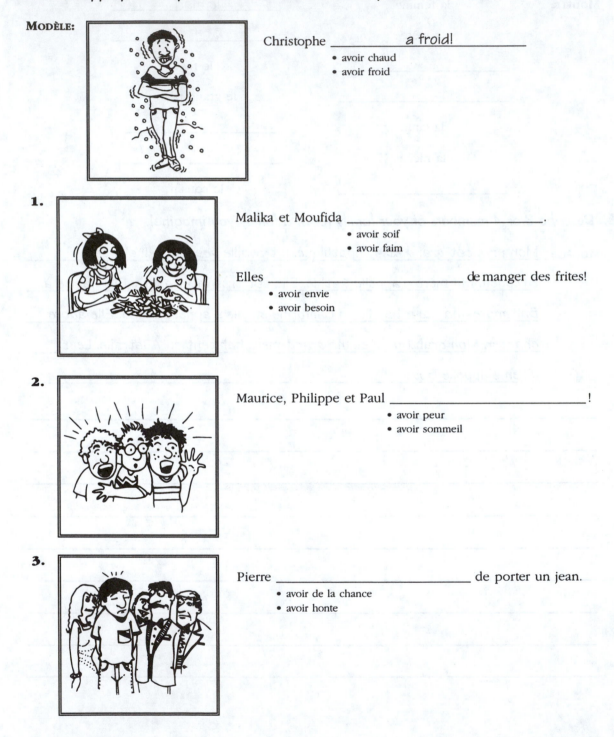

MODÈLE:

Christophe _____ a froid! _____
- avoir chaud
- avoir froid

1.

Malika et Moufida _____.
- avoir soif
- avoir faim

Elles _____ de manger des frites!
- avoir envie
- avoir besoin

2.

Maurice, Philippe et Paul _____!
- avoir peur
- avoir sommeil

3.

Pierre _____ de porter un jean.
- avoir de la chance
- avoir honte

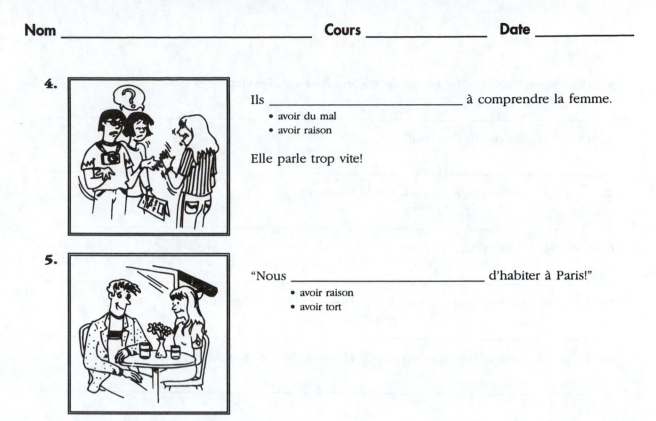

4. Ils _____ à comprendre la femme.
- avoir du mal
- avoir raison

Elle parle trop vite!

5. "Nous _____ d'habiter à Paris!"
- avoir raison
- avoir tort

B. ET VOUS? *Complete the sentences with information about yourself and your friends. Remember to use* de, d' *or* à *where necessary.*

1. J'ai envie _____

2. J'ai besoin _____

3. Mon ami a du mal _____

4. Mes parents ont de la chance _____

5. J'ai quelquefois honte _____

ACTIVITÉ 7: LA DESCRIPTION PHYSIQUE (VOIR PAGE 96 ET LES ÉPISODES)

See how well you remember the characters you have met in your student book. Answer the questions.

MODÈLE: De quelle couleur sont les cheveux de Julie?

Elle a les cheveux bruns.

1. Quel âge a Pierre?

_____

2. De quelle couleur sont les cheveux de Benjamin?

_____

3. Quel âge a Tante Cécile? De quelle couleur sont ses cheveux?

_____

4. Quel âge a Monsieur Bouverot?

_____

5. De quelle couleur sont les cheveux de Florence?

_____

6. Quel âge a Catherine?

_____

7. De quelle couleur sont les cheveux de Dominique? Quel âge elle a?

_____

8. De quelle couleur sont les cheveux de Monsieur Bouverot et de Pierre?

_____

QUATRIÈME ÉPISODE

ACTIVITÉ 8: L'INVERSION (VOIR PAGE 100)

Monsieur Ducharme has asked his class to make up some questions that could be asked on a survey. Look at Birgit's answers and write the questions. Use inversion. Then answer the questions about yourself.

MODÈLE: _Quel âge avez-vous?_ _____

J'ai 27 ans.

Et vous? _J'ai 29 ans._ _____

1. _____

J'habite à Paris.

Et vous? _____

2. _____

Ma famille habite à Dresden.

Et vous? _____

Nom _____ Cours _____ Date _____

3. _____

Oui, j'aime la France, mais je préfère l'Allemagne.

Et vous? _____

4. _____

Oui, j'aime beaucoup la cuisine française!

Et vous? _____

5. _____

Oui, je suis étudiante.

Et vous? _____

6. _____

J'étudie le français.

Et vous? _____

ACTIVITÉ 9: *QUI, QUE, QUEL(LE)(S)* (VOIR PAGE 101)

Complete the questions with qui, que *or the correct from of* quel.

MODÈLE: _____Quelle_____ est la date aujourd'hui?

1. _____ regardent-ils? Ils regardent la télé.

2. _____ professeur détestez-vous?

3. _____ habite à Grenoble? Benjamin!

4. _____ porte une jupe rouge? Florence porte une jupe rouge.

5. _____ porte Florence? Elle porte une jupe rouge.

6. _____ joue au tennis? Je ne sais pas!

7. _____ temps fait-il à Montréal en hiver? Il neige. Beaucoup!

8. _____ peintres aimez-vous?

9. _____ a besoin de travailler ce soir?

10. _____ disciplines aimez-vous?

ACTIVITÉ 10: L'INTERROGATION

It's Saturday evening at the Bouverot's. Use your imagination. Ask and answer questions to complete the chart.

	QUESTION	RÉPONSE
MODÈLE:	Où est Catherine?	Elle est dans sa chambre.
	Que fait-elle?	Elle étudie.
	Qu'est-ce qu'il y a dans sa chambre?	Il y a un lit, une lampe et une commode.

QUESTIONS

1. _____

   _____

   Que porte-il ce soir?

   _____

2. Où est Madame Bouverot?

   A-t-elle sa calculatrice?

   _____

3. _____

   Où est la télévision?

RÉPONSES

Benjamin est dans la salle de séjour.

Il regarde la télé et parle à Dominique.

_____

Dominique porte une jupe bleue et un tee-shirt blanc.

_____

_____

Oui, elle travaille.

Le minitel est dans la chambre de Benjamin.

_____

_____ La voiture est dans le garage.

4. Il y a combien de pièces dans la maison?

    Quelles sont les pièces au premier étage? _____

    Où est la cuisine? _____

    Qui est dans la cuisine? _____

5. _____ Pierre est dans le garage avec M. Bouverot.

    _____ Non, Pierre n'est pas du tout content. Il est furieux.

    Pourquoi est-ce qu'il est furieux? _____

ACTIVITÉ 11: POUR TERMINER!

A. EN GARDE! *Read the following description of Alexander Dumas' famous Musketeers (Mousquetaires) and the young hero d'Artagnan. Then answer the questions below.*

'Un pour tous, et tous pour un!' Trois mousquetaires, mais quatre amis: Athos, Porthos, Aramis et le jeune d'Artagnan. Athos est beau, intelligent et honnête, mais il ne parle pas beaucoup. Porthos parle beaucoup. Il parle trop! Il n'est pas très intelligent, mais il est grand, loyal et fort. Et il porte des vêtements vraiment chic! Aramis est un homme intéressant. Il est toujours très sérieux et il étudie beaucoup, mais quelle est sa discipline, la théologie? ou les femmes?!? D'Artagnan est le héros du livre. Il est Gascon. C'est un jeune homme optimiste et énergique. Il adore habiter à Paris et il a très envie d'être mousquetaire!

1. Qui parle beaucoup? _____

2. Que porte-il? _____

3. Qui ne parle pas beaucoup? _____

4. Quelle est probablement la 'discipline' préférée d'Aramis?

    _____

5. Qui est le héros du livre? _____

6. A-t-il envie d'être expert-comptable? _____

7. Que disent les trois Mousquetaires et d'Artagnan quand ils sont ensemble?

    _____

B. À VOUS DE JOUER! *Now it's your turn. Describe the main characters from a favorite book or story. Give as much information as you can.*

Chapitre 4 ⬥ À LA RECHERCHE D'UN APPARTEMENT

PREMIER EPISODE

ACTIVITÉ 1: L'HEURE (VOIR PAGE 114)

A. *Write the time shown on the clock. Then convert each time to l'heure officielle (24-hour time).*

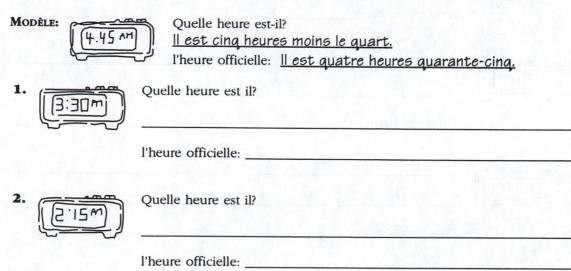

MODÈLE: 4.45 ᴬᴹ

Quelle heure est-il?
Il est cinq heures moins le quart.
l'heure officielle: Il est quatre heures quarante-cinq.

1. 3:30ᴹ

Quelle heure est il?

_____

l'heure officielle: _____

2. 2·15ᴹ

Quelle heure est il?

_____

l'heure officielle: _____

3. `9 27 Pm`   Quelle heure est il?

_____

l'heure officielle: _____

4. `4.10 AM`   Quelle heure est il?

_____

l'heure officielle: _____

B. *Ask about the time. Write the question and the answers.*

1. `8 05 AM`   _____?

_____

l'heure officielle: _____

2. `10 50 m`   _____?

_____

l'heure officielle: _____

3. `12 00 AM`   _____?

_____

l'heure officielle: _____

4. `1.00 AM`   _____?

_____

l'heure officielle: _____

5. `1.00 Pm`   _____?

_____

l'heure officielle: _____

C. *Look at the train schedule for departing trains. What time do the following trains leave? Use* l'heure officielle.

MODÈLE: À quelle heure part le train pour Marseille?
<u>Il part à quinze heures quarante-cinq.</u>

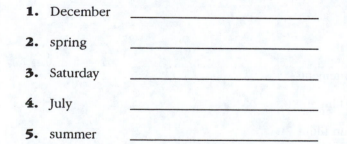

DESTINATION	VOIE	DÉPART
Arles	2	10 15
Avignon	4	11 00
Nîmes	3	12 20
Montpellier	6	12 45
Bordeaux	3	13 15
Bézier	8	15 20
Marseille	4	15 45
Toulon	9	16 10

1. À quelle heure part le train pour Montpellier?

_____

2. À quelle heure part le train pour Bordeaux?

_____

3. À quelle heure part le train pour Bézier?

_____

4. À quelle heure part le train pour Toulon?

_____

5. À quelle heure part le train pour Nîmes?

_____

6. À quelle heure part le train pour Arles?

_____

7. À quelle heure part le train pour Avignon?

_____

DEUXIÈME ÉPISODE

ACTIVITÉ 2: LES JOURS, LES MOIS, ET LES SAISONS (VOIR PAGE 119)

Give the French equivalent for each of the words below.

1. December _____

2. spring _____

3. Saturday _____

4. July _____

5. summer _____

6. Monday _____

7. fall _____

8. Wednesday _____

9. August _____

10. winter _____

ACTIVITÉ 3: QUELLE EST LA BONNE RÉPONSE?

Read the questions and check (✓) the most appropriate response.

> **MODÈLE:** Quel jour est-ce aujourd'hui?
> ☐ C'est jeudi.
> ☐ Le jeudi.

1. Tu travailles le lundi, n'est-ce pas?

☐ Oui, je travaille du lundi au mercredi.

☐ Oui, c'est lundi.

2. Quelle est la date aujourd'hui?

☐ C'est l'hiver.

☐ Nous sommes le 30 novembre.

3. Voyagez-vous aux États-Unis?

☐ Oui, au printemps.

☐ C'est le premier septembre.

4. Le lundi, étudies tu de neuf heures à onze heures?

☐ Non, j'étudie le lundi.

☐ Non, de neuf heures à dix heures.

5. Le vendredi, est-ce qu'ils étudient l'anglais?

☐ Oui, vendredi ils étudient l'anglais.

☐ Oui, le vendredi ils étudient l'anglais.

6. Le dimanche, elles cherchent un appartement?

☐ Non, dimanche elles regardent un film.

☐ Non, le dimanche elles regardent un film.

ACTIVITÉ 4: LE VERBE *FAIRE* (VOIR PAGE 121)

Complete the following sentences with a form of the verb faire.

MODÈLE: Le vendredi je __fais__ la fête.

1. Le samedi matin je _____ la grasse matinée.

2. En hiver il _____ très froid à Grenoble.

3. Qu'est-ce que tu _____ ce week-end?

4. Pierre et son ami _____ leurs devoirs au café.

5. _____-vous souvent la cuisine?

6. Ma femme et moi, nous _____ souvent la vaisselle ensemble.

7. Madame Bouverot n'est pas contente. Benjamin _____ rarement son lit.

8. D'abord je _____ le ménage. Ensuite nous _____ les courses.

ACTIVITÉ 5: QUELQUES EXPRESSIONS AVEC FAIRE (VOIR PAGE 121)

A. *Write about people's activities. Use the words given to write questions and answers.*

MODÈLE: tu / faire / matin
<u>Qu'est-ce que tu fais le matin?</u>
faire le ménage
<u>Je fais le ménage.</u>

1. tu / faire / hiver

_____

faire du ski

_____

2. elle / faire / été

_____

faire du tennis

_____

3. vous / faire / printemps

_____

À LA RECHERCHE D'UN APPARTEMENT

faire un voyage

_____

4. vous / faire / dimanche

_____

faire une promenade

_____

5. vous / faire / juin

_____

faire du camping

_____

6. on / faire / juillet

_____

faire la fête

_____

B. *Look at the pictures. Write a sentence describing what the people are doing in each picture.*

MODÈLE: Elles font du camping. _____

1. _____

2.  _____

3. _____

ACTIVITÉ 6: LE SAMEDI

Using at least 5 expressions with the verb faire describe your typical Saturday. Connect your activities using words like le matin, le soir, d'abord, ensuite, puis, and enfin.

_____

_____

_____

_____

_____

_____

_____

_____

_____

_____

ACTIVITÉ 7: QUELLE EST LA QUESTION?

What questions would you ask to get the following answers?

MODÈLE: Pourquoi étudiez-vous?
Nous étudions parce que nous avons un examen à passer.

1. _____

Je m'appelle Bond, James Bond. (vous)

2. _____

J'habite à Londres. (vous)

3. _____

Ils sont au café.

4. _____

Elles mangent maintenant parce qu'elles ont faim.

5. _____

Ingrid est très jolie, très sympatique et très intelligente!

6. _____

Je vais bien, merci.

7. _____

Ils aiment voyager en France.

8. _____

J'aime regarder la télévision le soir.

9. _____

J'aime Paris parce que c'est une belle ville.

10. _____

Nous faisons le voyage en été.

ACTIVITÉ 8: LES PRONOMS ACCENTUÉS (VOIR PAGE 128)

Complete the following sentences with the correct stress pronoun.

MODÈLE: J'adore Paul Auster. Il est très intelligent, __lui__ !

1. _____, je ne vais jamais à l'université le week-end.

2. _____, elle est sympathique, mais _____, il n'est pas du tout gentil.

3. Est-ce qu'elles vont au cinéma? Oui, et moi, je vais avec _____.

4. Ce soir nous restons à la maison. Nous dînons chez _____.

5. Christophe et _____, nous lisons le même livre.

6. Ah non! Je ne danse jamais avec _____! Elle n'est pas du tout sympa!

7. Qui est là? C'est _____, Gustave et moi.

8. J'adore Simone et Etel! Demain je dîne avec _____.

ACTIVITÉ 9: LES PROFESSIONS (VOIR PAGE 130)

A. *Sort the following professions into categories: Ones you find interesting (intéressant), ones you don't find interesting (pas intéressant), and ones you aren't sure about (je ne sais pas). Put a star next to the profession you are most and least interested in.*

agent d'assurance   agent immobilier   agent de police
agent de voyage   assistant(e) social(e)   avocat(e)
chanteur / chanteuse   comptable   écrivain
foncionnaire   hôtesse de l'air   infirmier / infirmière
ingénieur   médecin   pharmacien / pharmacienne
plombier   steward

INTÉRESSANT	PAS INTÉRESSANT	JE NE SAIS PAS
_____	_____	_____
_____	_____	_____
_____	_____	_____
_____	_____	_____
_____	_____	_____

B. *Which profession interests you the most? Which one interests you the least? Pourquoi?*

MODÈLE: <u>Médecin, Steward. J'ai envie d'être médecin parce que j'aime travailler avec</u>
<u>les enfants. Je n'ai pas envie d'être steward, parce que je déteste les</u>
<u>avions.</u>

_____

_____

_____

_____

ACTIVITÉ 10: LES PRÉPOSITIONS (VOIR PAGE 134)

A. OÙ EST LA SOURIS? *Where is the mouse?*

MODÈLE: Où est la souris?

<u>La souris est entre les deux chats.</u>

1. Où est la souris?

_____

2. Où est la souris?

_____

3. Où est la souris?

_____

4. Où est la souris?

_____

5. Où est la souris?

_____

B. DANS MON QUARTIER. *Look at the map and write the correct phrase to complete each sentence. Remember to use the correct form of de + article, if necessary.*

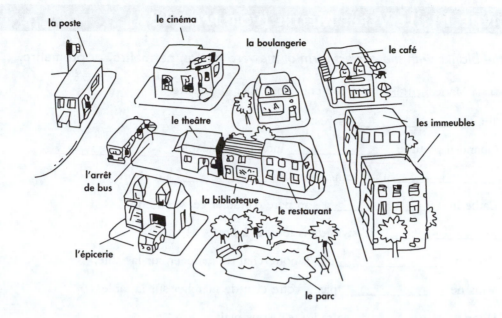

MODÈLE: Où se trouve la boulangerie?

La boulangerie est _en face de_ l' épicerie.
    • en face de   • à côté de

1. Où se trouve l'épicerie?

L'épicerie est _____ arrêt du bus.
    • près de   • au coin de

2. Où se trouvent les immeubles?

Ils se trouvent _____ parc.
    • derrière   • en face de

3. Où se trouve le centre commercial?

Il est _____ boulangerie.
    • devant   • loin de

4. Où se trouve le cinéma?

Le cinéma? _____ rue.
    • Chez   • Au coin de

5. Et la poste? Où se trouve-t-elle?

La poste est _____ centre commercial.
    • entre   • au milieu de

6. Où se trouve la bibliothèque?

Elle est _____ théâtre.
    • à côté de   • loin de

ACTIVITÉ 11: LE VERBE METTRE (VOIR PAGE 137)

Fill in the blanks with the correct form of the verb mettre, permettre, or promettre.

MODÈLE: Marie __met__ une robe chic pour aller au théâtre.

1. Toi, tu _____ ta veste!

2. Quand il pleut je _____ mon imperméable.

3. _____-il un jean? Non, il _____ un short.

4. Catherine _____ à son père d'étudier ce week-end.

5. Je _____ le stylo dans ton sac à dos?

6. Nous ne _____ pas à notre chat de marcher sur la table.

7. Vous ne _____ pas à votre chat de marcher sur la table?

8. Henri, _____ la radio, s'il vous plaît.

9. Julie et Caroline _____ une jupe élégante.

ACTIVITÉ 12: POUR TERMINER.

A. Benjamin has just received a postcard from his friend Mike. Unfortunately, the postcard got wet and some of the words or parts of words are unreadable. Help Benjamin make sense of it by filling in the blanks.

Strasbourg, le 22 février
Salut Benjamin!

_____ vas-tu? _____ , je vais bien, mais il _____ très froid à Strasbourg _____ hiver _____ et je n'ai jamais assez chaud. Strasbourg est une jolie ville. C'est près _____ l'Allemagne. J'habite juste _____ face de la cathédrale chez les Stein. C'est une famille allemande. Heureusement ils parlent français à la maison! Monsieur Stein est ingé _____ et Madame Stein est _____ decin. Lui, il n'est pas très sympathique, mais _____ , elle est super gentille. J'ai déjà beaucoup d'amis et le week-end on la fête! _____ as-tu des vacances? Moi, j'ai des vacances en avril et je vais voyager en Italie. Et _____ , quels sont tes projets?

A Bientôt!
Mike

B. *Read the letter again. Are these sentences true or false? Write* vrai *or* faux.

1. Mike a froid à Strasbourg. _____

2. Monsieur Stein est médecin. _____

3. Mike a des vacances en avril. _____

4. Les Stein parlent allemand à la maison. _____

5. Monsieur Stein est sympathique. _____

6. Strasbourg est loin de l'Allemagne. _____

7. Mike habite juste en face de la cathédrale. _____

C. *Imagine you are living abroad. Write a postcard to a friend. Give him or her the same kind of information that Mike gave Benjamin. Talk about where you live. Describe its location. Is it in an interesting part of town? When do you have a vacation? What are some things you do on a regular basis? Use your imagination.*

_____

_____

_____

_____

_____

_____

_____

_____

_____

_____

_____

_____

_____

À LA RECHERCHE D'UN APPARTEMENT

Chapitre 5 ◦ # GRENOBLE, ME VOILÀ!

PREMIER ÉPISODE

ACTIVITÉ 1: LE VERBE ALLER (VOIR PAGE 148)

You and your friends are planning trips for an upcoming vacation. Tell where you are going.

MODÈLE: Christophe / Allemagne
<u>Christophe va en Allemagne.</u>

1. Thérèse / Irlande _____

2. Anne et Julie / Mexique _____

3. Dan / Suisse _____

4. Mike et Élise / Japon _____

5. Fabrice et moi, nous / Russie _____

6. Toi, tu / Israël _____

7. Vous / Antarctique _____

8. Je / États-Unis _____

ACTIVITÉ 2: QUELQUES NATIONALITÉS ET PAYS (VOIR PAGE 149)

Who lives where? Fill in the missing information.

MODÈLES: Les Canadiens habitent au Canada.
Les Japonais habitent au Japon.

1. _____ habitent aux États-Unis.

2. _____ habitent en France.

3. Les Irlandais habitent _____.

4. _____ habitent en Israël.

5. _____ habitent en Angleterre.

6. Les Italiens habitent _____.

7. Les Chinois habitent _____.

8. _____ habitent au Mexique.

9. Les Russes habitent _____.

ACTIVITÉ 3: EN VILLE; À + L'ARTICLE DÉFINI (VOIR PAGES 150 ET 152)

A. Where would you be most likely to find the following? Write the answer. Use the correct form of à + l'article défini.

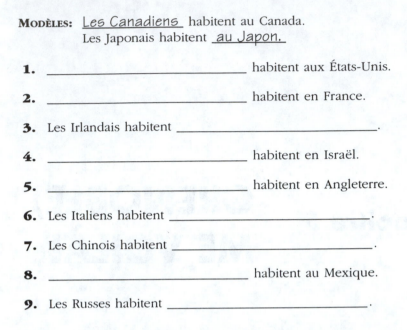

MODÈLE: à la fromagerie

1. _____

2. _____

3. _____

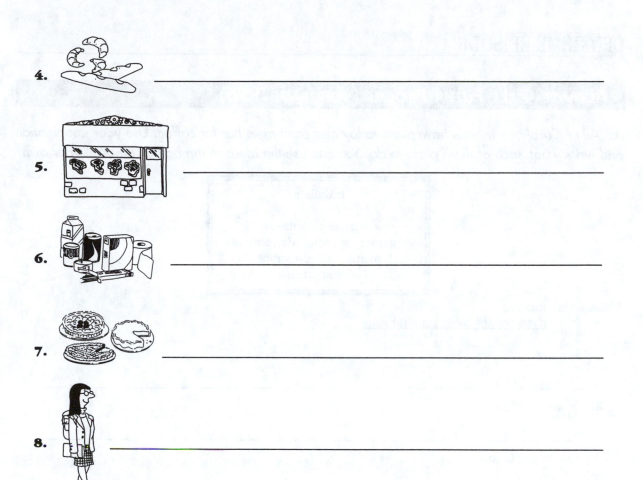

4. _____

5. _____

6. _____

7. _____

8. _____

B. *Use the information in A above. Explain why the following people might go to each place.*

MODÈLE: *Je vais à la fromagerie pour acheter du fromage.*

1. Paul et Benoît _____

2. Nous _____

3. Charlotte _____

4. Elles _____

5. On _____

6. Vous _____

7. Lui, il _____

8. Toi, tu _____

DEUXIÈME ÉPISODE

ACTIVITÉ 4: LE FUTUR PROCHE (VOIR PAGE 156)

A. *All of Caroline's friends have plans today and can't meet her for coffee. Use your imagination and write what each of them plans to do. You can use the ideas in the box or ideas of your own.*

> travailler
> étudier
> faire des courses
> regarder un match de football
> manger au restaurant
> faire la cuisine

MODÈLE: Richard
Richard va aller au cinéma.

1. Hélène

_____

2. Nous

_____

3. Cécile et Marie

_____

4. Tu

_____

5. Bob

_____

6. Vous

_____

B. NON! *Use the words given to ask questions with the* futur proche. *Use inversion. Then answer the questions in the negative.*

MODÈLE: Il / visiter Paris / la semaine prochaine
A: Va-t-il visiter Paris la semaine prochaine?
B: Non, il ne va pas visiter Paris la semaine prochaine.

1. Vous / faire un voyage en Grèce / le mois prochain (nous)

A: _____

B: _____

2. Elles / faire les courses / plus tard

   A: _____

   B: _____

3. Tu / faire une promenade / tout à l'heure

   A: _____

   B: _____

4. Elle / parler à ses amis / avant le cours

   A: _____

   B: _____

5. Nous / (ne ... pas) travailler / demain

   A: _____

   B: _____

C. *UN WEEKEND À PARIS!* Using the futur proche and your imagination write at least five sentences about what you and a friend are going to do this weekend in Paris!

_____

_____

_____

_____

_____

_____

_____

ACTIVITÉ 5: LES VERBES COMME *PRENDRE* (VOIR PAGE 158)

Complete the following sentences with the correct form of the verb prendre, apprendre, *or* comprendre.

MODÈLE: Je _prends_ le bus pour aller au cinéma.

1. Le soir nous _____ l'autobus pour rentrer à la maison.

2. Benjamin _____ l'anglais à Catherine.

3. Comment? Répétez s'il vous plaît. Je ne _____ pas.

4. Est-ce que vous _____ le métro ou un taxi?

5. Cet été il va _____ l'avion pour aller au Mexique.

6. Dominique et Pierre _____ l'italien à l'université.

7. Hein? Un film en japonais? Mais je ne vais pas _____!

8. Toi, tu _____ le train et moi, je _____ l'avion. D'accord?

9. Oh là là, ce n'est pas bien du tout! Je _____ du poids. Je ne mange plus de gâteaux!

TROISIÈME ÉPISODE

ACTIVITÉ 6: LES ADJECTIFS DÉMONSTRATIFS (VOIR PAGE 162)

A. *Caroline is helping Julie decide on some purchases she needs to make.*

MODÈLE: _Ce_ fromage est bon, mais _ces_ fromages sont trop forts!

1. _____ cahier est cher, mais _____ stylos sont bon marché.

2. _____ serviette est chic, mais _____ sac à dos est pratique.

3. _____ baguettes sont bon marché, mais _____ pain de mie est cher.

4. _____ livre est en français, mais _____ livre est en chinois!

5. _____ bicyclette est super, mais _____ bicyclettes ne sont pas bien.

B. *Julie, feeling practical, and on a tight budget, responds to Caroline's comments by saying what she will buy.*

MODÈLE: _Alors, j'achète ce bon fromage._

1. _____

2. _____

3. _____

4. _____

5. _____

ACTIVITÉ 7: LE VERBE *ACHETER* (VOIR PAGE 163)

What is everyone buying? Use the words given to write sentences.

MODÈLE: Paul / cahier _Paul achète un cahier._

1. Marie / carte _____

2. Tu / feuille de papier _____

3. Vous / règle _____

4. Nous / trombones _____

5. Pierre et Jean / magnétoscope _____

6. Je / sac à dos _____

7. Vous / gomme _____

8. Nous / feutres _____

QUATRIÈME ÉPISODE

ACTIVITÉ 8: LE PRONOM ADVERBIAL Y (VOIR PAGE 168)

A. *Julie and Florence are discussing their friends. Answer the questions with oui.*

MODÈLE: Richard va au cinéma ce soir?
         Oui, il y va ce soir.

1. Est-ce que Claude va à Rome en avril?

   _____

2. Clara va au café avec Thomas demain?

   _____

3. Caroline va-t-elle à la boulangerie le matin?

   _____

4. Est-ce qu'ils vont à la bibliothèque pour étudier?

   _____

5. Bertrand et Christophe vont souvent au stade, n'est-ce pas?

   _____

B. *Answer the questions with* non.

MODÈLE: Richard va au cinéma ce soir?
<u>Non, il n'y va pas ce soir.</u>

1. Est-ce qu'elle aime aller dans un hypermarché pour faire les courses?

_____

2. Pensent-ils beaucoup à leurs problèmes?

_____

3. Daria va au gymnase tous les jours?

_____

4. Est-ce que tu dînes chez Bob ce week-end?

_____

5. Cathie est en Angleterre maintenant?

_____

ACTIVITÉ 9: OÙ SE TROUVE...? (VOIR PAGE 171)

A couple of the tourists would now like to get back to the Place Victor Hugo. They are looking at the map and planning the best way to get there from their present location. Write the directions below.

MODÈLE: M. Perrault est à l'église Saint-André.
<u>Alors, ce n'est pas difficile. Je prends la Grande Rue. Je continue tout droit jusqu'à la</u>
<u>Place Grenette. Je traverse la Place et je continue tout droit. Ensuite, je prends la rue</u>
<u>Félix Poulat jusqu'au Boulevard Édouard Rey. Je traverse le Boulevard Édouard Rey.</u>
<u>La Place Victor Hugo est à gauche.</u>

1. Mlle Dupont se trouve au Jardin des Plantes.

<u>C'est facile. Je</u> _____

_____

_____

_____

2. M. et Mme Sarrasin se trouvent au Jardin de Ville.

<u>Pas de problème. Nous</u> _____

_____

_____

_____

ACTIVITÉ 10: POUR TERMINER!

Write about the route you take to get from home to your French class.

_____

_____

_____

_____

_____

_____

_____

_____

_____

_____

_____

_____

_____

Chapitre 6 ◈ **PREMIER WEEK-END**

PREMIER ÉPISODE

ACTIVITÉ 1: LE VERBE *BOIRE* (VOIR PAGE 182)

What is everyone drinking? Look at the pictures and write complete sentences.

MODÈLE: Jacques
<u>Jacques boit un verre de lait.</u>

1.   Félicité

_____

2. Héloïse et Barbara

_____

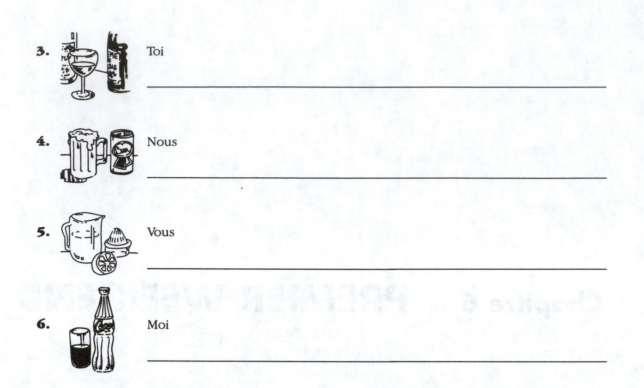

3. Toi

_____

4. Nous

_____

5. Vous

_____

6. Moi

_____

ACTIVITÉ 2: BOIRE, PRENDRE, MANGER, DÉJEUNER, DÎNER (VOIR PAGE 182)

Complete the sentences. Use the correct form of the most appropriate verb.

MODÈLE: Le samedi, les Bouverot <u>déjeunent</u> à treize heures et ils <u>dînent</u> vers vingt heures.

1. Quand j'ai très faim, je _____ deux grands sandwichs au fromage.

2. En été, quand il fait chaud, nous aimons _____ un citron pressé.

3. Est-ce que vous _____ toujours à midi?

4. Au café, il _____ un thé et une omelette.

5. Qu'est-ce que tu _____? Un kir royal, s'il te plaît.

6. Est-ce qu'ils préfèrent _____ à huit heures ou à neuf heures du soir?

7. Moi, je _____ un café crème et un croque monsieur. Eux, ils

_____ un thé citron et un sandwich au fromage.

8. Le matin, je _____ un chocolat et je _____ des tartines.

9. À midi on va _____ avec Claude et Anne-Marie.

DEUXIÈME ÈPISODE

ACTIVITÉ 3: LES REPAS (VOIR PAGE 188-189)

A. *Friends are coming to visit for a day and you are planning a menu. Use the words from the list to decide what you might serve at each meal.*

> pâtes, café noir, café au lait, sandwichs au fromage et jambon,
> croissants, salade, mousse au chocolat, épinards, thé, lapin,
> tartes, frites, vin rouge, vin blanc, glace à la vanille,
> pommes, tartines de confiture

PETIT DÉJEUNER	DÉJEUNER	DÎNER

B. *Answer the following questions based on the menus in Part A. Use* on *or* nous.

MODÈLE: Est-ce que vous allez manger du lapin au dîner? (on)
Non, on ne va pas manger de lapin. On va manger des pâtes.

1. Qu'est-ce que vous allez manger pour le petit déjeuner? (nous)

_____

2. Qu'est-ce que vous allez manger comme dessert au déjeuner? (on)

_____

3. Est-ce que vous allez manger de la viande? Si oui, à quel repas? (nous)

_____

4. Est-ce que vous allez boire du café au lait au dîner? (nous)

_____

A. *Complete the following sentences with the correct form of the partitive.*

MODÈLE: Quand il a très soif, il boit _du_ Coca.

1. Est-ce que tu prends _____ asperges?

2. Non, je n'aime pas du tout les asperges! Je prends _____ carottes.

3. Chez nous ce soir, on va manger _____ agneau.

4. Véronique boit _____ eau minérale. Christophe boit _____ thé à la menthe.

5. Pour le petit déjeuner vous prenez toujours _____ croissants?

6. La jeune fille n'aime pas les épinards. Alors elle prend _____ haricots verts.

7. Pour le dessert, qu'est-ce qu'on prend, _____ tarte, _____ glace ou _____ sorbet?

8. Il mange _____ bœuf, _____ petits pois et _____ frites.

B. *Answer the following questions in the negative.*

MODÈLE: Buvez-vous du vin rouge avec le dîner? (je)
Non, je ne bois pas de vin rouge avec le dîner.

1. Mange-t-elle des sandwichs le week-end?

_____

2. Est-ce que tu prends un kir?

_____

3. Prennent-ils un thé citron l'après-midi?

_____

4. Prenez-vous une salade niçoise? (nous)

_____

5. Mange-t-il une omelette?

_____

ACTIVITÉ 5: REPAS ET PRODUITS DE TOUS LES JOURS (VOIR PAGE 189 ET 191)

A. *Separate the following into the appropriate categories.*

une banane	des fraises	le poivre
le beurre	le gruyère	une pomme
le brie	le lait	le roquefort
le camembert	des œufs	le se!
des cerises	une orange	le sucre
la confiture	une pêche	

LES FROMAGES

MODÈLE: *le brie*

_____   _____   _____

_____   _____   _____

LES FRUITS

MODÈLE: *une banane*

_____   _____   _____

_____   _____   _____

LES AUTRES PRODUITS

MODÈLE: *le beurre*

_____   _____   _____

_____   _____   _____

B. ET VOUS? QU'EST-CE QUE VOUS AIMEZ? *What are your preferences, your eating habits? Answer the questions.*

MODÈLE: Est-ce que vous aimez bien le lapin?
Non. Je déteste le lapin.
ou   *Oui. C'est très bon!*
ou   *Je ne sais pas!*

1. Est-ce que vous mangez souvent de la viande?

_____

2. Qu'est-ce que vous aimez comme fruits?

_____

3. Est-ce que vous mangez souvent du beurre?

_____

4. Est-ce que vous préférez le vin rouge ou le vin blanc?

_____

5. Qu'est-ce que vous aimez comme fromage?

_____

6. Est-ce que vous préférez les asperges ou les épinards?

_____

TROISIÈME ÉPISODE

ACTIVITÉ 6: LES EXPRESSIONS DE QUANTITÉS (VOIR PAGE 196)

A. _How much is Christophe eating? Match the pictures and the phrases._

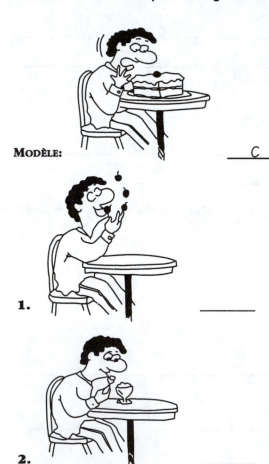

a. assez de

b. quelques

c. trop de

d. beaucoup de

e. un peu de

MODÈLE: _____C_____

1. _____

3. _____

2. _____

4. _____

B. *Now answer the following questions.*

> **MODÈLE:** Est-ce que Christophe mange un peu de gâteau?
> <u>Non, il mange trop de gâteau!</u>

1. Est-ce que Christophe mange beaucoup de cerises?

_____

2. Est-ce qu'il mange un peu de glace?

_____

3. Est-ce qu'il mange beaucoup de pain?

_____

4. Combien d'asperges mange-t-il?

_____

C. *Fill in the blank with the appropriate expression from the list.*

> **MODÈLE:** Donne-moi <u>une tasse de</u> café, s'il te plaît.

une bouteille de	une boîte de	une part de	tranches de
une tasse de	un morceau de	une dizaine de	un verre de

1. Je voudrais _____ cette délicieuse tarte aux pommes.

2. Nous allons prendre _____ vin blanc.

3. _____ eau, s'il vous plaît.

4. Au marché, j'achète _____ roquefort.

5. Il me faut _____ petits pois et dix _____ jambon.

6. _____ œufs, s'il vous plaît.

ACTIVITÉ 7: LES NOMBRES (VOIR PAGE 199)

Answer the following questions. For some you may have to estimate.

> **MODÈLE:** Il y a combien de jours dans une semaine?
> <u>Il y a sept jours dans une semaine.</u>

1. Il y a combien de jours en mars?

_____

2. Il y a combien de semaines par mois?

_____

3. Il y a combien de jours par an?

_____

4. Il y a combien d'années par siècle?

_____

5. Il y a combien d'étudiants à votre université?

_____

6. Il y a combien de départements en France ? (hint! see page xxiv in your Student Book)

_____

QUATRIÈME ÉPISODE

ACTIVITÉ 8: LA NÉGATION (VOIR PAGE 202)

Respond to the following questions au négatif. *Use* ne...plus *or* ne...rien

> **MODÈLE:** As-tu encore faim?
> <u>Non, je n'ai plus faim.</u>

1. Qu'est-ce que tu fais ce soir?

_____

2. Est-ce qu'ils vont toujours à l'école?

_____

3. Est-ce qu'il y a quelque chose à manger?

_____

4. Que fais-tu?

_____

5. Est-ce qu'elle a encore froid?

_____

6. Elle est toujours contente?

_____

7. Est-ce que tu veux toujours aller au café avec eux?

_____

8. Voulez-vous encore de la bière? (Nous)

_____

9. Que font-ils ce week-end?

_____

10. Est-ce qu'il y a encore du ketchup?

_____

ACTIVITÉ 9: POUR TERMINER! ET VOUS?

A. *What are some things you like to eat and drink at home? What are some things you never eat and drink? Write about your eating and drinking habits.*

MODÈLE: Chez moi, je mange beaucoup de sandwichs au jambon. Parfois je mange de la soupe et de la salade, mais je ne mange jamais de pâtes. Je bois beaucoup d'eau minérale et de Coca. Quelquefois je bois un verre de vin blanc...

_____

_____

_____

_____

_____

_____

B. *What kinds of things do you eat and drink when you're with your family or friends?*

MODÈLE: Je dîne souvent avec mes amis. Mon ami Jean-Marc aime bien les salades, alors parfois on mange des salades niçoises. Claire aime le kir et le vin blanc. Jean-Marc n'aime pas trop le vin blanc. Il préfère le vin rouge...

_____

_____

_____

_____

_____

_____

_____

_____

_____

_____

_____

avec des amis ou la famille? Est-ce qu'il a fait beau? Qu'avez-vous fait? Une promenade en ville? à la campagne? des courses? la fête?!? Écrivez.

Le weekend passé, j'ai fait ai fait beaucoup de choses. Première, j'ai regardé le film American Pie avec mes amis. Ensuite, j'ai joué la tennis avec mon amie, Jenny. Vendredi soir, j'ai dit avec quelques amies jusqu'a très tard. Samedi, j'ai fait mes devoirs tout jour, mais samedi soir, j'ai fait a un fête. *dimanche matin,* Sur dimanche, j'ai allé a mon église. Ensuite, j'ai allé a manger au une restaurant avec mes amis. J'ai fait mes devoirs encore aussi. Dimanche soir, j'ai fait a Focus, et ensuite j'ai allé dormir.

ACTIVITÉ 8: AU CONTRAIRE

Écrivez le contraire (the opposite) des phrases suivantes.

MODÈLE: Il est allé au magasin tout à l'heure. (rentrer)
         Il est rentré du magasin tout à l'heure.

1. Est-ce qu'elles sont déjà arrivées? (partir)

_____

2. Je suis malade comme un chien! (en pleine forme)

_____

3. Nous sommes sorties du cours de japonais à dix heures. (entrer)

_____

4. Eux, ils ont mal partout après le voyage. (bien)

_____

5. Vous êtes descendues vite. (monter)

_____

ACTIVITÉ 9: POUR TERMINER: RÉDACTION

Imaginez que vous avez passé le week-end dernier à Rouen, Grenoble ou Paris (à vous de choisir) avec votre amie Sarah. Ça a été un week-end formidable, même si le samedi matin l'un de vous deux est tombé malade! Qui? Est-ce que quelqu'un est allé à la pharmacie? Est-ce que quelqu'un est resté au lit? Et puis dimanche, qu'est-ce que vous avez fait tous les deux? Où est-ce que vous êtes allés? Qu'est-ce que vous avez vu? Qui est-ce que vous avez rencontré? Répondez à ces questions en écrivant un paragraphe qui décrit (describes) votre week-end.

_____

_____

_____

_____

_____

MALADE COMME UN CHIEN   **101**

TROISIÈME ÉPISODE

ACTIVITÉ 5: LES LOISIRS (VOIR PAGE 287)

A. JOUER À, JOUER DE *ET* FAIRE DE. *Rangez les activités suivantes selon le verbe qui les précède.*

les échecs	le piano	les cartes
le hockey	la guitare	la randonnée
le ski nautique	le ski de fond	les boules
la batterie	le rafting	la voile
le golf	la trompette	le saxophone

JOUER À	JOUER DE	FAIRE DE
MODÈLE: _les échecs_	_le piano_	_le ski nautique_
_____	_____	_____
_____	_____	_____
_____	_____	_____
_____	_____	_____

B. *SONDAGE DES LOISIRS* (LEISURE SURVEY) *Maintenant, répondez aux questions suivantes.*

1. Quelles sont les activités qu'on peut faire près de chez vous?

_____

_____

_____

2. Êtes-vous sportif / sportive? Faites-vous du sport le week-end? Quels sports? Avec qui?

_____

_____

_____

3. Quels sont vos jeux préférés? Vous jouez avec qui?

_____

_____

_____

4. De quels instruments jouez-vous? Quels instruments aimez-vous écouter?

_____

_____

_____

5. Où aimez-vous passer vos vacances? Qu'est-ce que vous y faites? Vous les passez avec qui?

_____

_____

_____

ACTIVITÉ 6: LES PRONOMS OBJETS DIRECTS (VOIR PAGE 289)

A. UN PEU D'ORGANISATION Demain, Sébastien a une journée bien chargée. Lisez son emploi du temps et répondez aux questions suivantes.

Mardi 18 avril	
9:00	Lettre (à Oncle Pierre)
10:00	Courses (fruits au marché; beurre, lait, œufs; au supermarché)
13:00	Ménage
14:00	Cours de Philo
16:00	Cadeau pour Maman: au Printemps
18:00	Café Cintra (Marc Léopold)
20:00	Sophie: Film (Blade Runner) à la télé

MODÈLE: À quelle heure va-t-il faire le ménage?
<u>Il va le faire à treize heures.</u>

1. Où est-ce qu'il va acheter les fruits?

_____

2. Est-ce qu'il va acheter le beurre au marché?

_____

3. Où va-t-il chercher un cadeau pour sa mère?

_____

4. Il va regarder le film avec qui?

_____

5. Quand est-ce qu'il va voir ses copains?

_____

6. Est-ce qu'il va écrire la lettre à Oncle Pierre le matin ou le soir?

_____

7. À quelle heure est-ce qu'il va voir Sophie?

_____

B. *UNE JOURNÉE BIEN RATÉE* *C'est le mercredi soir et Sébastien parle avec sa mère. Répondez à la forme négative aux questions de la mère de Sébastien. Attention; il faut utiliser le pronom y dans deux réponses!*

MODÈLE: Mère: Est-ce que tu as écrit la lettre à Oncle Pierre?
Sébastien: <u>Non, je ne l'ai pas écrite.</u>

1. Mère: Est-ce que tu as fait les courses?

Sébastien: _____

2. Mère: Est-ce que tu as fait tes devoirs?

Sébastien: _____

3. Mère: Est-ce que tu as fait le ménage?

Sébastien: _____

4. Mère: Est-ce que tu es allé au cours de philosophie?

Sébastien: _____

5. Mère: Est-ce que tu m'as acheté un cadeau?!?

Sébastien: _____

6. Mère: Est-ce que tu es allé au café?

Sébastien: _____

7. Mère: Est-ce que tu as vu Sophie?

Sébastien: _____

ACTIVITÉ 7: L'IMPERATIF AVEC LES PRONOMS (VOIR PAGE 296)

Henri est un peu timide. Sa famille et ses amis ont tendance à insister (they have a tendency to insist) avec lui. Ecrivez leurs échanges en utilisant les éléments donnés.

MODÈLE: Mère: Est-ce que tu vas au café avec elle?
Henri: Euh, non...Je ne pense pas...
Mère: <u>Mais, vas-y avec elle!</u>

1. Mère: Est-ce que tu prends des asperges?
Henri: Euh, non...peut-être pas...

Mère: _____

2. Mère: Tu n'écoutes pas ton père!
Henri: Euh...

Mère: _____

3. Des amis: Est-ce que tu vas nous écrire bientôt?
Henri: Euh...

Des amis: _____

4. Père: Tu ne vas pas aller au cinéma ce soir!
Henri: Euh...

Père: _____

5. Un ami: Est-ce que tu vas offrir des fleurs à Catherine?
Père: Euh...

Un ami: _____

6. Son frère: Tu ne vas pas lire ce roman!
Henri: Euh...

Son frère: _____

7. Sa sœur: Est-ce que tu vas apporter tes photos de voyage demain soir?
Henri: Euh...

Sa sœur: _____

8. Son ami: Est-ce que tu vas me parler?
Henri: Euh...

Son ami: _____

9. Sa mère: Tu ne vas pas porter cette veste jaune!
Henri: Euh...

Sa mère: _____

10. Son père: Est-ce que tu vas à la boulangerie?
Henri: Euh...

Son père: _____

ACTIVITÉ 8: POUR TERMINER

A. *Tous les mots de l'histoire de Jean-Loup sont là, mais ils ne sont pas tous dans le bon ordre. Mettez les mots en ordre puis répondez aux questions en bas. (Le premier et dernier mot de chaque phrase sont toujours à la bonne place.)*

1. Ce joué avec week-end j'ai au tennis Brigitte.

Ce week-end j'ai joué au tennis avec Brigitte. _____

2. Elle très est sportive.

_____

3. Elle sans a gagné problème.

_____

4. Après a au voulu Café prendre un elle pot Cintra.

_____

5. Alors on est y allés.

_____

6. On a Marc vu et y Léopold.

_____

7. "Qu'est-ce vous que faites?"

_____

8. "Nous mais il est en attendons Sébastien retard."

_____

9. Ensuite trouvé une nous avons table.

_____

10. Brigitte un chocolat a pris mais elle ne pas l'a aimé.

_____

11. Moi j'ai une pris bière.

_____

12. "Qu'est-ce fait qu'on maintenant?"

_____

13. "On au aller peut cinéma."

_____

14. "Voilà bonne une idée!"

_____

15. "Finissons et allons-y."

_____

B. _Avez-vous compris?_ _Lisez les phrases suivantes. Indiquer vrai ou faux._

		VRAI	FAUX
Modèle:	Brigitte n'est pas sportive.	☐	☑
1.	Elle a gagné au tennis.	☐	☐
2.	Après, ils sont rentrés chez eux.	☐	☐
3.	Au café, ils ont vu Sébastien.	☐	☐
4.	Brigitte a aimé son chocolat.	☐	☐
5.	Jean-Loup n'a pas voulu aller au cinéma.	☐	☐

C. _Pour Terminer!_ _Décrivez une journée agréable que vous avez passée avec un(e) ami(e). Où est-ce que vous êtes allé(e)s? Qu'est-ce que vous avez fait? Utilisez le passé composé avec être et avoir. Utilisez des pronoms objets directs. Utilisez l'impératif. Écrivez un paragraphe._

_____

_____

_____

_____

_____

_____

_____

_____

_____

_____

_____

_____

_____

_____

_____

_____

_____

1. Connaissez-vous un peu la mode en France en ce moment? Savez-vous les noms de quelques couturiers importants?

_____

_____

_____

2. En France, quelle est votre pointure?

_____

3. En général, est-ce que vous cherchez des boutiques chic?

_____

4. Connaissez-vous un peu la haute couture? Est-ce que cela vous intéresse? Pourquoi? Pouquoi pas?

_____

_____

_____

_____

ACTIVITÉ 3: LES VERBES PRONOMINAUX (VOIR PAGE 315 & 316)

A. *LES VERBES PRONOMINAUX: RÉFLÉCHIS, RÉCIPROQUES, IDIOMATIQUES. Est-ce que les phrases suivantes utilisent des verbes réfléchis, réciproques, ou idiomatiques? Indiquer la bonne réponse.*

MODÈLE: Pendant la semaine, je me lève à six heures et demie.

✓ a. réfléchi   b. réciproque   c. idiomatique

1. Quand je suis avec Maurice je m'amuse beaucoup.

a. réfléchi   b. réciproque   c. idiomatique

2. La pharmacie se trouve en face du café.

a. réfléchi   b. réciproque   c. idiomatique

3. Geneviève se maquille tous les jours avant d'aller au bureau.

a. réfléchi   b. réciproque   c. idiomatique

4. Vous et vos camarades de classe, est-ce que vous vous parlez en français?

a. réfléchi   b. réciproque   c. idiomatique

5. Monsieur Ducharme adore se coucher très tard.

    a. réfléchi   b. réciproque   c. idiomatique

6. Les deux sœurs se téléphonent tous les samedis.

    a. réfléchi   b. réciproque   c. idiomatique

B. *Qu'est-ce qu'on fait avec les articles suivants? Répondez d'après le modèle.*

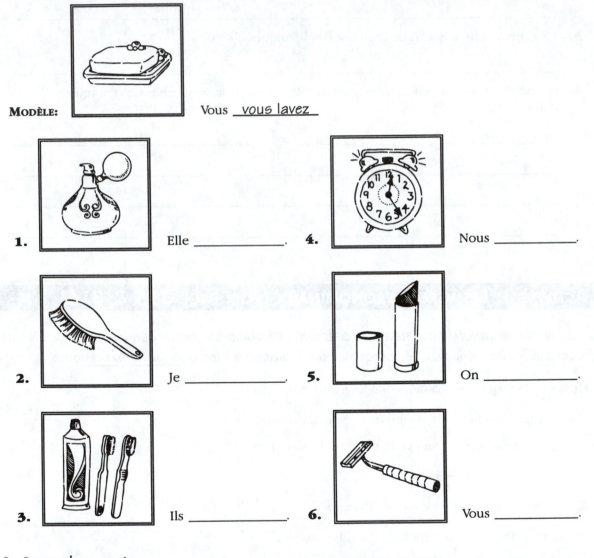

MODÈLE: Vous <u>vous lavez</u>

1. Elle _____.   **4.** Nous _____.

2. Je _____.   **5.** On _____.

3. Ils _____.   **6.** Vous _____.

C. *Posez des questions*

MODÈLE: <u>Est-ce que vous vous amusez?</u>
          Non, nous ne nous amusons pas.

1. _____

    Non, ils ne se téléphonent pas tous les soirs.

2. _____

Oui, je vais me maquiller avant d'y aller.

3. _____

Non, en général les Américains ne s'embrassent pas quand ils se rencontrent.

4. _____

Oui, en général je me couche tôt.

5. _____

Non, ils ne se disputent pas souvent.

6. _____

Non, nous ne voulons pas nous habiller maintenant!

7. _____

Oui, on va bientôt se parler.

8. _____

Non, je ne m'inquiète pas du tout.

D. Et Vous? *Répondez aux questions suivantes en phrases complètes.*

1. Quand est-ce que vous vous inquiétez?

_____

_____

2. Pendant la semaine, est-ce que vous vous levez tôt ou tard?

_____

_____

3. Avec qui est-ce que vous vous amusez le week-end?

_____

_____

4. Est-ce que vous prenez beaucoup de temps à vous préparer avant de sortir?

_____

_____

5. Avec qui est-ce que vous vous disputez de temps en temps?

_____

_____

ACTIVITÉ 4: LES VERBES PRONOMINAUX À L'IMPÉRATIF (VOIR PAGE 322)

A. *Que dites-vous dans les situations suivantes? Chacun des verbes suivants doit être utilisé une fois.*

se réveiller	se maquiller	se raser	s'asseoir	se débrouiller
s'inquiéter	se préparer	se coucher	s'habiller	se reposer
		se dépêcher		

MODÈLE: Votre ami est en retard.
<u>Dépêche-toi!</u>

1. Votre amie a un rendez-vous dans trente minutes et elle dort encore.

_____

2. Le bus part dans un quart d'heure. Votre fils est encore en pyjama.

_____

3. Ce soir vous et votre cousin allez à un bal masqué (*a costume party*). Vous ne vous êtes pas encore maquillés.

_____

4. Le chien de votre meilleure amie n'est pas encore rentré et elle s'inquiète.

_____

5. Pierre a oublié de se raser. Sa femme lui dit:

_____

6. Vous faites encore du babysitting avec Emily et Charles. Il est une heure du matin. Ils ne sont pas encore au lit.

_____

7. Demain vous avez un examen. Qu'est-ce que vous vous dites?

_____

8. Vos amis sont arrivés. Tout le monde est dans la salle de séjour.

_____

9. Votre grand-mère a beaucoup travaillé ce matin.

_____

10. Vos deux neveux vous rendent visite cette semaine. Aujourd'hui vous devez travailler et vous ne pouvez pas les accompagner en ville.

_____

ACTIVITÉ 5: LES VERBES PRONOMINAUX (VOIR PAGE 323)

Catherine est de mauvaise humeur. Ce soir, tout le monde sort, mais Catherine a un examen demain. Avant de partir, tout le monde lui donne des conseils qu'elle n'aime pas.

MODÈLE: se coucher tôt
<u>Couche-toi tôt.</u>
<u>Non, je ne vais pas me coucher tôt!</u>

1. se mettre à travailler

_____

_____

2. se reposer

_____

_____

3. s'occuper de Dallas et Barbara

_____

_____

4. se brosser les dents

_____

_____

5. se déshabiller à huit heures

_____

_____

6. s'amuser un peu

_____

_____

ACTIVITÉ 6: LES VERBES PRONOMINAUX AU PASSÉ COMPOSÉ (VOIR PAGE 329)

A. *Posez des questions au passé composé. Utilisez* est-ce que.

> MODÈLE: <u>Est-ce que vous vous êtes couché tôt hier soir?</u>
> Non, je ne me suis pas couché tôt hier soir. (vous)

1. _____

   Non, ils ne se sont pas rasés avant d'aller au bureau.

2. _____

   Oui, elle s'est sentie mieux après le concert.

3. _____

   Oui, elles se sont souvenues de toi.

4. _____

   Non, il ne s'est pas trompé.

5. _____

   Oui, elles se sont déjà lavé les mains.

6. _____

   Oui, nous nous sommes rencontrées en ville.

7. _____

   Non, je ne me suis pas brossé les dents. (tu)

ACTIVITÉ 7: LA TOILETTE

Martine est très élégante ce soir. Qu'est-ce qu'elle a fait avant d'arriver à la soirée? Faites une liste d'au moins cinq choses. Utilisez des verbes pronominaux.

> MODÈLE: <u>Elle s'est lavée les cheveux.</u>

1. <u>Elle s'est</u> _____

2. _____

3. _____

4. _____

5. _____

B. Jean-Pierre n'est pas très élégant ce soir. Qu'est-ce qu'il n'a pas fait avant d'arriver à la soirée? Faites une liste d'au moins cinq choses. Utilisez des verbes pronominaux.

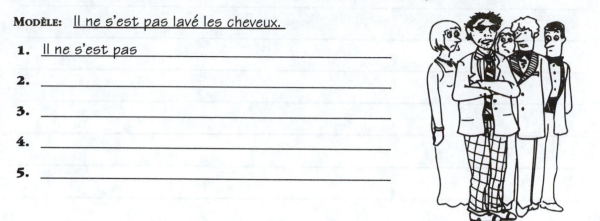

MODÈLE: <u>Il ne s'est pas lavé les cheveux.</u>

1. <u>Il ne s'est pas</u> _____

2. _____

3. _____

4. _____

5. _____

ACTIVITÉ 8: POUR TERMINER!

Connaissez-vous des gens intéressants? Qui sont-ils? Est-ce que vous les connaissez bien? Pourquoi est-ce que vous les trouvez intéressants? Savent-ils parler d'autres langues? Connaissent-ils des pays que vous n'avez pas encore visités? Se débrouillent-ils facilement dans des situations difficiles? S'intéressent-ils aux sujets que vous trouvez incompréhensibles? En utilisant les verbes savoir et connaître et des verbes pronominaux décrivez deux ou trois personnes intéressantes.

_____

_____

_____

_____

_____

_____

_____

_____

_____

_____

UNE JOURNÉE DIFFICILE

_____

_____

_____

_____

_____

_____

_____

_____

_____

6. Qu'est-ce que Christophe faisait quand vous êtes sorties? (écrire des poèmes)

_____

7. Qu'est-ce que Marie faisait quand elle est tombée malade? (visiter la Corée)

_____

8. Qu'est-ce que vous faisiez quand vous vous êtes cassé le bras? (faire de la randonnée.)

_____

ACTIVITÉ 10: POUR TERMINER!

Qu'est-ce que vous savez sur la vie de vos ancêtres? Comment étaient-ils? D'où venaient-ils? Quelles langues parlaient-ils? Est-ce qu'ils habitaient à la campagne ou dans une ville? Choisissez un ou deux de vos ancêtres et décrivez leur vie. Utilisez des expressions comme à cette époque-là, autrefois, en général...et, en utilisant des expressions comme soudain, un jour, tout à coup...décrivez au moins un incident intéressant de leur vie.

_____

_____

_____

_____

_____

_____

_____

_____

_____

_____

_____

_____

Chapitre 12 ◆ ÇA S'ARROSE!

PREMIER ÉPISODE

ACTIVITÉ 1: L'ORDRE DES PRONOMS (VOIR PAGE 371)

Les Duprès veulent mettre de l'ordre dans leur maison. Madame Duprès suggère et Monsieur Duprès répond.

MODÈLE: Donnons ces jouets aux enfants à l'église.
<u>Oui, donnons-les-leur.</u>

1.   Rendons tous ces livres au professeur d'anglais.

_____

2.   Envoyons des lettres à tous nos amis.

_____

3.   Disons à Nicolette de ranger sa chambre.

_____

4.   Achetons-nous du bon fromage et du bon café?

_____

5.   Demandons aux enfants de nous aider à laver la voiture.

_____

Votre petite soeur vient de découvrir que vous avez une faiblesse pour quelqu'un. Elle vous pose des questions et vous lui répondez à l'affirmatif d'après le modèle.

MODÈLE: Est-ce que tu vas lui donner beaucoup de cadeaux?
<u>Mais bien sûr, je vais lui en donner beaucoup!</u>

1. Est-ce que tu vas lui envoyer des fleurs tous les jours?

_____

2. Est-ce que tu vas lui donner tout ton argent?

_____

3. Est-ce que tu vas lui acheter des diamants?

_____

4. Est-ce que tu vas lui offrir des vêtements chic?

_____

5. Est-ce que tu vas me raconter des histoires sur votre grand amour?

_____

6. Est-ce que tu vas lui parler de moi?

_____

7. Est-ce que tu vas envoyer des fleurs à ses parents?

_____

8. Est-ce que tu vas fêter son anniversaire sur la Côte d'Azur?

_____

ACTIVITÉ 3: QUELLE EST LA BONNE QUESTION? CHOISISSEZ-LA.

MODÈLE: Non, je ne peux pas les lui donner.

☐ Est-ce que vous pouvez me donner ces chaussures?
☑ Est-ce que que vous pouvez lui donner ces chaussures?

1. Oui, je la lui ai donnée.

☐ Est-ce que tu as donné tes devoirs au professeur?
☐ Est-ce que tu as donné ta composition au professeur?

2. Non, ils ne l'y ont pas mise.
   - ☐ Ils n'ont pas mis leurs vêtements sales dans la salle de bains?
   - ☐ Est-ce qu'ils ont mis la nouvelle télévision dans la salle de séjour?

3. Mais oui, je vais te le rendre aujourd'hui.
   - ☐ Vas-tu me rendre mon argent aujourd'hui?
   - ☐ Vas-tu me rendre mes clés aujourd'hui?

4. Non, ne la lui donne pas.
   - ☐ Est-ce que je donne mon billet à l'hôtesse?
   - ☐ Est-ce que je donne ma carte à cet homme?

5. Oui, je vais vous en envoyer beaucoup.
   - ☐ Vous allez nous envoyer beaucoup de lettres de l'Afrique, n'est-ce pas?
   - ☐ Vous allez m'envoyer les lettres que j'ai écrites, n'est-ce pas?

ACTIVITÉ 4: JOYEUX ANNIVERSAIRE (VOIR PAGE 373)

C'est l'anniversaire de votre meilleur(e) ami(e). Vous le fêtez comment? Répondez aux questions suivantes. N'oubliez pas d'utiliser des pronoms quand c'est possible.

1. Où est-ce que vous le fêtez? Avec qui? Qu'est-ce que vous faites?

   _____

   _____

   _____

   _____

2. Est-ce que vous lui donnez beaucoup de cadeaux? Qu'est-ce que vous lui donnez?

   _____

   _____

3. Que dites-vous quand vous voyez votre ami(e) ce jour-là?

   _____

   _____

4. En général, est-ce que vous aimez les fêtes? Pourquoi? Pourquoi pas?

   _____

   _____

   _____

ACTIVITÉ 5: LE VERBE *DEVOIR* (VOIR PAGE 378)

A. *Complétez le dialogue suivant avec la forme du verbe* devoir *qui convient. Faites attention au temps des verbes.*

NATACHA: Que se passe-t-il, Christophe? Tu n'as vraiment pas bonne mine!

CHRISTOPHE: Euh...

NATACHA: Dis!

CHRISTOPHE: Eh bien, c'est que je _____ mille francs à Richard et je ne les ai pas.

NATACHA: Tu _____ mille francs à Richard?

CHRISTOPHE: Euh... oui...

NATACHA: Bon d'accord. Je ne te pose pas de questions. Mais je ne comprends pas. Ce matin je t'ai vu retirer mille francs du distributeur automatique.

CHRISTOPHE: Oui, je sais, mais j' _____ les perdre parce que je ne les trouve plus.

NATACHA: Ça alors, Christophe! Ce n'est pas possible! Tu exagères! Mille francs! Et tu

             _____ les lui rendre quand?

CHRISTOPHE: Je _____ les lui rendre il y a deux semaines.

NATACHA: Il y a deux semaines? Cherchons-les tout de suite! Il _____ être furieux!

B. *Répondez aux questions suivantes avec des phrases complètes.*

1. Qui doit de l'argent à qui?

_____

2. Il lui doit combien?

_____

3. Quand devait-il les lui rendre?

_____

4. Est-ce que Natacha savait qu'il devait les mille francs?

_____

5. À votre avis, qu'est-ce que Christophe doit faire?

_____

6. Est-ce que vous devez de l'argent à quelqu'un? Est-ce que vos amis vous doivent de l'argent?

_____

_____

TROISIÈME ÉPISODE

ACTIVITÉ 6: ÊTES-VOUS BRANCHÉS?

Dans les parties VOUS ÊTES BRANCHÉS de votre livre d'étudiant vous avez beaucoup appris sur la culture du monde francophone.

A. *Regardez les images suivantes et décidez où on peut les trouver. Utilisez la liste ci-dessous, pour vos réponses.*

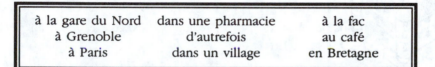

à la gare du Nord	dans une pharmacie	à la fac
à Grenoble	d'autrefois	au café
à Paris	dans un village	en Bretagne

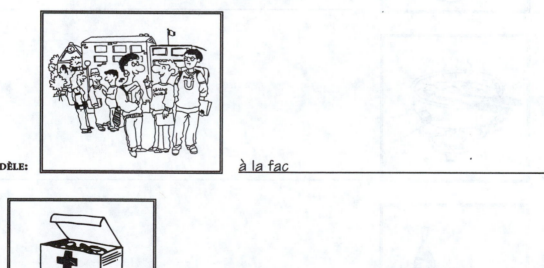

MODÈLE: <u>à la fac</u> _____

1. _____

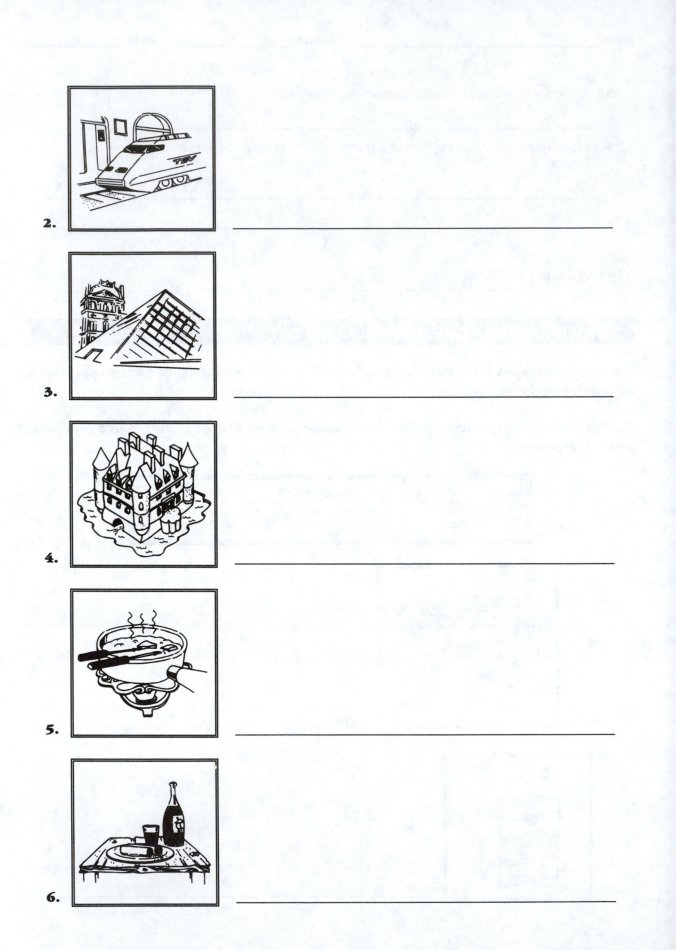

2. _____

3. _____

4. _____

5. _____

6. _____

Chapitre 12

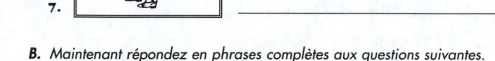

7. _____

B. *Maintenant répondez en phrases complètes aux questions suivantes.*

1. Il faut aller où pour trouver du bon cidre?

_____

2. Il faut aller où pour acheter des cachets d'aspirine?

_____

3. Il faut aller où pour rencontrer des étudiants et assister aux cours?

_____

4. Il faut aller où pour manger un croque-monsieur?

_____

5. Il faut aller où pour faire une promenade dans le Jardin des Tuileries?

_____

ACTIVITÉ 7: LE SUBJONCTIF (VOIR PAGE 386)

A. *Madame Bertomini, une femme d'affaires, parle à son assistante. Elle se répète en utilisant le subjonctif.*

MODÈLE: Il faut téléphoner à Monsieur Bourdin. (tu)
<u>Il faut que tu téléphones</u> à Monsieur Bourdin.

1. Il faut acheter encore du papier. (tu)

_____ encore du papier.

2. Il ne faut pas être en retard. (tu)

_____ en retard.

3. Il faut travailler plus dur. (nous)

_____ plus dur.

4. Je ne veux pas dépenser trop d'argent. (nous)

_____ trop d'argent.

5. Il faut avoir plus de patience. (ils)

_____ plus de patience.

B. *Anne est idéaliste. Elle voudrait que le monde soit parfait. Elle a fait une liste de ses désirs. Complétez-la en utilisant le subjonctif des verbes indiqués.*

MODÈLE: J'aimerais que tout le monde (avoir) <u>ait</u> du travail.

1. Il faut que nous (trouver) _____ des logements pour les SDF.

2. Il est essentiel que tous les enfants (avoir) _____ une bonne éducation.

3. Je veux que tout le monde (s'aimer) _____ .

4. Je voudrais que les grandes villes (être) _____ plus propres.

5. Il faut que les pauvres (avoir) _____ accès aux médecins.

6. Il est essentiel que les pays du monde (essayer) _____ de se comprendre.

7. Il est souhaitable que les citoyens (avoir) _____ une plus grande voix dans le gouvernement.

8. Je souhaite qu'on (mettre) _____ fin aux guerres.

C. *Et vous? En employant le subjonctif et des expressions comme, il faut, il est indispensable, il est important, je veux...etc., faites une liste de 5 choses que vous voudriez voir changer dans le monde ou dans votre vie.*

1. _____

2. _____

3. _____

4. _____

5. _____

QUATRIÈME ÉPISODE

ACTIVITÉ 8: LE SUBJONCTIF (SUITE) (VOIR PAGE 392)

Christophe a beaucoup de choses à faire aujourd'hui, mais il se sent un peu paresseux. Heureusement que Natacha est là pour l'encourager. Ecrivez leur conversation. Utilisez les phrases données. Suivez le modèle.

MODÈLE: il n'est pas certain / la bibliothèque être ouverte aujourd'hui aller à la bibliothèque
Christophe: <u>Il n'est pas certain que la bibliothèque soit ouverte aujourd'hui.</u>
Natacha: <u>Mais, il faut absolument que tu y ailles!</u>

1. il n'est pas sûr / sa mère être à la maison ce matin
   téléphoner à sa mère

   Christophe: _____

   Natacha: _____

2. ne pas être sûr / avoir la force nécessaire
   faire la vaisselle

   Christophe: _____

   Natacha: _____

3. il est douteux / avoir le temps
   écrire une lettre à son grand-père

   Christophe: _____

   Natacha: _____

4. ne pas être certain / le bouquiniste vouloir des livres acheter
   vendre des livres au bouquiniste

   Christophe: _____

   Natacha: _____

5. il n'est pas certain que / les éditeurs pouvoir me voir
   aller

   Christophe: _____

   Natacha: _____

6. avoir peur / (ils) ne pas avoir sa taille
   acheter une veste

   Christophe: _____

   Natacha: _____

7. douter / le supermarché être ouvert
(nous) manger

Christophe: _____

Natacha: _____

ACTIVITÉ 9

Complétez les phrases suivantes. Attention! Elles ne prennent pas toutes le subjonctif.

MODÈLE: Il est certain qu'il (vouloir) <u>veut</u> te voir.

1. Il est dommage que vous (ne pas pouvoir) _____ partir avec moi
en Espagne cet été.

2. Il est clair que nous (ne pas avoir) _____ le temps de se voir
aujourd'hui.

3. Il faut absolument qu'elle (savoir) _____ votre réponse tout de suite.

4. Je suis surprise que tu (ne pas vouloir) _____ m'accompagner
au cinéma.

5. Il est formidable que les Chartand (venir) _____ chez nous demain
soir.

6. Il est évident que tu (préférer) _____ cette robe. Alors, achetons-la.

7. Il est probable qu'il (venir de) _____ arriver. Cherchons-le.

8. Je suis mécontent qu'elles (faire) _____ la fête tous les soirs.

ACTIVITÉ 10: POUR TERMINER! UNE LETTRE AU CHEF DU GOUVERNEMENT.

A. *Hier soir, Catherine a fait une liste, assez étrange, de toutes les choses qui la dérangeaient, et qu'elle a mise sur la porte du réfrigérateur. Lisez-la. Ensuite écrivez une réponse. Utilisez le subjonctif.*

1. Je suis mécontente que nous ne mangions pas assez de frites!
2. Je suis furieuse que Gérard Depardieu ne nous rende pas visite de temps en temps!
3. Il est regrettable que je n'aie pas une chambre plus grande!
4. Il est étonnant que je ne sois pas encore célèbre!
5. Il est dommage que Benjamin doive nous quitter à la fin de l'année!
6. Il est dommage que Pierre et Dominique ne doivent pas nous quitter à la fin de
l'année! (C'est une blague!)

Catherine Bouverot

MODÈLE: 1. Alors, il faut que tu ailles vivre en Belgique.

1. _____

2. _____

3. _____

4. _____

5. _____

6. _____

B. Ecrivez une liste destinée au chef de votre gouvernement pour l'informer des choses que vous voudriez voir changer dans votre pays. Utilisez le subjonctif. Ça peut-être une liste sérieuse ou amusante.

Monsieur / Madame le chef du gouvernement,

1. _____

2. _____

3. _____

4. _____

5. _____

6. _____

Chapitre 13 • NOBLESSE OBLIGE

PREMIER ÉPISODE

ACTIVITÉ 1: LE FUTUR (VOIR PAGE 404)

Mettez les phrases suivantes au futur.

MODÈLE: Benjamin et Julie (descendre) <u>descendront</u> jusqu'à Montélimar en train.

1. L'été prochain les Bouverot (voyager) _____ en Italie.

2. Sébastien (arriver) _____ en début de soirée.

3. Quand vous (voyager) _____ en Ardèche, est-ce que vous

   (visiter) _____ des galeries et des grottes?

4. À Paris nous (sortir) _____ tous les soirs.

5. Je suis certain que tu (aimer) _____ le lapin.

6. Elle est sûre que j'(apprendre) _____ facilement le japonais.

7. Tante Cécile et Oncle Georges (s'amuser) _____ bien en
   Bretagne.

8. Florence, qui est fana de chocolat, (adorer) _____ cette mousse
   au chocolat que j'ai faite.

9. En faisant de la randonnée tous les jours, vous (perdre) _____ vite du poids.

10. Si on se perd, on (demander) _____ la route à un passant.

ACTIVITÉ 2: LE FUTUR IRRÉGULIER (VOIR PAGE 404)

Christophe et Natacha vont passer le week-end prochain en Normandie. C'est jeudi soir et ils en parlent. Natacha se sent très optimiste et Christophe se sent très pessimiste. Que disent-ils?

MODÈLE: nous (aller à Rouen) / nous (pouvoir louer une voiture)
          Natacha: <u>Nous irons à Rouen.</u>
          Christophe: <u>Si nous pouvons louer une voiture!</u>

1. nous (visiter la cathédrale) / nous (avoir le temps)

   Natacha: _____

   Christophe: _____

2. nous (se promener dans la vieille ville) / il (ne pas pleuvoir)

   Natacha: _____

   Christophe: _____

3. il (ne pas pleuvoir) / on (avoir de la chance)

   Natacha: _____

   Christophe: _____

4. on (aller à la plage) / il (ne pas faire trop froid)

   Natacha: _____

   Christophe: _____

5. nous (manger du saumon) / nous (trouver un restaurant à des prix raisonnables)

   Natacha: _____

   Christophe: _____

6. nous (faire la fête) / nous (rencontrer des gens sympathiques)

   Natacha: _____

   Christophe: _____

ACTIVITÉ 3

Complétez les dialogues suivants en choisissant des adverbes donnés.

lorsque	dès que	le jour prochain	après demain	l'année prochaine

MODÈLE: **A:** Mes amis vont partir en vacances dans deux jours.
      B: Alors, ils vont partir _après-demain_. Quelle chance!

1. A: En février prochain je serai en Égypte.

    B: C'est vrai? _____ tu seras en Égypte?

2. A: Quand est-ce que vous irez à la plage?

    B: Paul et Virginie arriveront le quinze et _____, le seize, nous irons à la plage.

3. A: On est quel jour? On est samedi? Oh là là! Il nous reste deux jours!

    B: Oui, _____ on passera l'examen.

4. A: Quand nous serons en Autriche, nous visiterons la maison de Mozart!

    B: Et _____ nous serons en Allemagne, nous visiterons la maison de Beethoven!

5. A: On partira tout de suite après leur arrivée.

    B: Alors, _____ ils arriveront, vous partirez.

ACTIVITÉ 4: DANS DIX ANS JE SERAI...

Répondez aux questions suivantes. Imaginez!

1. Lorsque vous terminerez vos études qu'est-ce que vous ferez?

_____

_____

2. Où serez-vous dans dix ans?

_____

_____

3. Où serez-vous l'année prochaine?

_____

_____

4. Qu'est-ce que vous ferez le week-end prochain?

_____

_____

_____

_____

DEUXIÈME ÉPISODE

ACTIVITÉ 5: LES VERBES EN IR (VOIR PAGE 410)

Complétez les phrases en choisissant les verbes suivants. Faites attention aux temps des verbes.

réussir	maigrir	punir	réfléchir	choisir
désobéir	finir	rougir	grandir	grossir

MODÈLE: Henri _rougit_ comme une tomate chaque fois que Félicité l'embrasse.

1. Les Bouverot, qui sont de très bons parents, ne _____ que rarement leurs enfants.

2. Vous _____ vos examens très vite!

3. Benoît, qui a cinq ans, _____ souvent à ses parents.

4. En hiver mon mari et moi, nous mangeons trop et _____.

5. Par contre, en été nous mangeons moins et _____.

6. Il faut _____ avant de sauter.

7. Ils _____ toujours des cours faciles, car ils veulent

_____ sans effort.

8. Les deux filles des Chartrand _____ si vite que j'ai du mal à les reconnaître quand je les vois.

ACTIVITÉ 6: UN SONDAGE: EST-CE QUE VOUS AVEZ CHOISI VOTRE MÉTIER?

A. *Match the people with their responses.*

Héloïse   Monsieur Desmoulins   Madame Dutronc

1. Ah, non! Travailler dans une banque, ce n'était pas mon premier choix. Ce sont mes parents qui ont choisi cette profession pour moi. Non, moi, je voulais être actrice ou chanteuse. Mais dans la vie on n'a pas toujours le choix.

_____

2. Oui, absolument. C'est un métier qui m'a toujours fasciné. J'ai commencé à lire des journaux quand j'étais très jeune et je publiais des articles au lycée. Alors, après mon bac, j'ai étudié le journalisme, et ça s'est bien passé.

_____

3. Est-ce qu'on choisit son métier? Je n'en suis pas sûr. De toute façon, j'ai toujours eu l'impression que c'est le métier qui m'a choisi. C'était à l'époque où je faisais des études de littérature et un ami m'a invité à visiter des grottes en Espagne. Et bien, ça alors! Ça a vraiment été le coup de foudre! Jusque-là je n'avais rien vu de pareil!

_____

B. *Répondez aux questions en phrases complètes.*

1. Est-ce que Madame Dutronc a choisi de travailler dans une banque? Qui a choisi pour elle? Que voulait-elle devenir?

_____

_____

_____

2. À quelle époque est-ce que le métier de Monsieur Desmoulins l'a t-il choisi? Où est-ce qu'il est allé? À votre avis, est-ce qu'il a fini ses études de littérature?

_____

_____

_____

3. Est-ce qu'Héloïse a choisi son métier? À votre avis, est-ce qu'elle va réussir?

_____

_____

_____

4. Et vous? À votre avis, est-ce qu'on choisit son métier? Pourquoi? Pourquoi pas?

_____

_____

_____

TROISIÈME ÉPISODE

ACTIVITÉ 7: ÊTES-VOUS BRANCHÉS? (VOIR PAGE 414)

A. Démêlez les mots suivants, et trouvez le mot caché.

1. vhecxau ____ ____ ____ ____ ____ ____ ____

2. snobsi ____ ____ ____ ____ ____ ____

3. trgeotrs ____ ____ ____ ____ ____ ____ ____ ____

4. ruos ____ ____ ____ ____

5. fnslié ____ ____ ____ ____ ____ ____

6. ihrconorés ____ ____ ____ ____ ____ ____ ____ ____ ____

7. chècrdeA ____ ____ ____ ____ ____ ____ ____ ____ ____

Mot caché: La Pré ____ ____ ____ ____ ____ ____ ____ ____ ____

B. Quelles sont quelques unes des différences entre l'histoire et la préhistoire. Est-ce un sujet qui vous intéresse? Pourquoi? Pourquoi pas?

_____

_____

_____

_____

_____

_____

ACTIVITÉ 8: LES ADVERBES (VOIR PAGE 416)

A. *Formez des adverbes avec les adjectifs suivants.*

MODÈLE: actif *activement*

1. sérieux _____

2. vrai _____

3. lent _____

4. constant _____

5. absolu _____

6. fou _____

7. gentil _____

8. tranquille _____

9. poli _____

B. *Benjamin est rentré de son week-end en Ardèche avec Caroline. Lundi soir, il prend un pot avec Jean-Loup, qui lui pose des questions.*

MODÈLE: Jean-Loup: Alors, tu l'aimes? (fou)
Benjamin: *Je l'aime follement.*

1. Jean-Loup: Tu lui en a parlé? (tendre)

Benjamin: _____

2. Jean-Loup: Elle a répondu comment? (gentil)

Benjamin: _____

3. Jean-Loup: Vous vous êtes promenés? (lent)

Benjamin: _____

4. Jean-Loup: Vous vous êtes entendus comment? (parfait)

Benjamin: _____

5. Jean-Loup: Catherine et Georges ont compris que vous vous aimiez? (facile)

Benjamin: _____

6. Jean-Loup: Sans ton sac de couchage, tu as dormi comment? (bon)

Benjamin: _____

7. Jean-Loup: Est-ce qu'elle te manque? (énorme)

   Benjamin: _____

8. Jean-Loup: Tu vas lui écrire? (absolu)

   Benjamin: _____

9. Jean-Loup: Tu vas lui téléphoner? (fréquent)

   Benjamin: _____

10. Jean-Loup: Alors, tu l'aimes beaucoup! (vrai)

   Benjamin: _____

C. ET VOUS?

1. Que faites-vous souvent?

_____

_____

2. Est-ce que vous apprenez les choses facilement ou difficilement?

_____

_____

3. Est-ce que vous sortez régulièrement? Pour aller où? Avec qui?

_____

_____

4. Où est-ce que vous avez très envie d'aller? Que ferez-vous là-bas?

_____

_____

5. Que faites-vous bien? Que faites-vous mal?

_____

_____

QUATRIÈME ÉPISODE

ACTIVITÉ 9: QUELQUES EXPRESSIONS DE TEMPS (VOIR PAGE 420)

Anne est étudiante en littérature française à la Sorbonne. Aujourd'hui elle a rencontré Patricia, une jeune femme américaine, au Jardin du Luxembourg et elles ont passé quelques minutes _ensemble à bavarder. Lisez le morceau suivant de leur conversation. Ensuite complétez-le en util-isant_ dans, en, depuis, _ou_ pendant.

ANNE: Tu étudies le français 1. _____ combien de temps?

PATRICIA: 2. _____ deux ans.

ANNE: Seulement deux ans! Ah, mais tu parles hyper bien! Moi, j'étudie l'anglais

3. _____ toujours, mais quand je suis en Angleterre, je ne

peux même pas me débrouiller pour acheter un sandwich! Au fait,

4. _____ un mois je vais y aller pour essayer d'améliorer

mon anglais.

PATRICIA: Et tu vas y rester 5. _____ combien de temps?

ANNE: 6. _____ six jours. Mais ce n'est pas assez. On ne peut pas beaucoup

apprendre 7. _____ six jours.

PATRICIA: Oui, c'est vrai qu'il faut passer du temps quelque part pour vraiment apprendre une

langue. Tu ne peux pas y rester 8. _____ pendant deux semaines?

ANNE: Impossible. La semaine d'après, je dois rentrer pour réviser mes partiels.

PATRICIA: Quand auras-tu ton diplôme?

ANNE: Oh, si j'ai de la chance, je l'aurai 9. _____ deux ans.

ACTIVITÉ 10: ET VOUS?

Répondez aux questions suivantes.

1. Vous étudiez le français depuis combien de temps?

_____

2. Vous étudierez le français pendant combien de temps?

_____

3. Vous êtes étudiant(e) depuis combien de temps?

_____

4. Vous serez étudiant(e) pendant combien de temps?

_____

ACTIVITÉ 11: POUR TERMINER!

Imaginez que vous allez passer l'année prochaine en France. Où est-ce que vous choisirez de vivre? À Grenoble? À Rouen? À Paris? Qu'est-ce que vous ferez pendant que vous serez là-bas? Est-ce que vous étudierez ou travaillerez? Vivrez-vous seul(e) ou avec quelqu'un? Irez-vous fréquemment au café. Visiterez-vous régulièrement les musées? Aurez-vous beaucoup d'amis français? En répondant à ces questions en phrases complètes, décrivez votre 'vie en France'.

_____

_____

_____

_____

_____

_____

_____

_____

_____

Chapitre 14 ◈ LA DISPUTE

PREMIER ÉPISODE

ACTIVITÉ 1: LE CONDITIONNEL (VOIR PAGE 432)

Mettez les phrases suivantes au conditionnel.

> **MODÈLE:** Nous / être content de / vivre au Mexique
> <u>Nous serions contents de vivre au Mexique.</u>

1. Mes amis / être content de / être invités

_____

2. Vous / être content de / avoir plus de temps libre

_____

3. je / être heureux de / y aller

_____

4. Nous / être ravi de / pouvoir acheter un magnétoscope

_____

5. Tu / aimer / écrire de la poésie tous les jours

_____

6. Christophe et Natacha / être content de / avoir plus d'argent.

_____

7. Héloïse / aimer bien / porter une jupe chic ce soir

_____

8. Dallas / être ravi de / dormir toute la journée

_____

9. Ça / m'arranger de / te payer la semaine prochaine

_____

ACTIVITÉ 2: AIMERAIS-TU...(VOIR PAGE 433)

Quelle est la bonne réponse? Choisissez-là.

MODÈLE: Est-ce que cela vous plairait d'aller voir un film?
      a. Oui, achètons-le!
✓ b. Oui, allons-y!

1. Serait-il possible de partir plus tôt?

   a. Non, j'ai trop de travail.

   b. Non, je vous donnerai la réponse demain.

2. Aimerais-tu aller prendre un pot?

   a. Oui, j'ai très soif.

   b. Oui, j'ai très faim.

3. Je serais heureux de le rencontrer.

   a. Moi aussi, j'ai faim.

   b. Moi aussi, j'en serais heureux.

4. Ça me dérangerait de rater mon train.

   a. Alors, dépêchons-nous.

   b. Alors, marchons lentement.

5. Voudriez-vous me donner votre numéro de téléphone?

   a. Mais non, cela ne me plairait pas du tout!

   b. Oui, c'est une bonne idée. Partons tout de suite.

ACTIVITÉ 3: ET VOUS?

Complétez les phrases suivants avec un verbe au conditionnel.

MODÈLE: Si je gagnais à la loterie, <u>je donnerais tout l'argent aux pauvres.</u>

1. Si mon / ma meilleur(e) ami(e) avait une grande voiture,

_____

2. Si j'étais le président des États-Unis,

_____

3. Si j'habitais en France,

_____

4. Si tous les Américains habitaient en France et tous les Français habitaient aux États-Unis,

_____

5. Si mes amis n'étaient plus mes amis,

_____

6. Si mon / ma meilleur(e) ami(e) et moi pouvions partir à l'étranger demain,

_____

DEUXIÈME ÉPISODE

ACTIVITÉ 4: ÊTES-VOUS BRANCHÉS? (VOIR PAGE 438)

Si vous étiez écrivain ou poète, quel serait votre sujet? Est-ce que vous avez envie d'écrire? Pourquoi? Pourquoi pas?

_____

_____

_____

_____

_____

_____

Benjamin pense à Caroline et à leur vie ensemble. Complétez ses phrases avec les verbes indiqués. Attention au temps!

MODÈLE: Si nous nous marions, nous (habiter) <u>habiterons</u> en France ou en Californie.

1. Si elle ne me téléphone pas ce soir, je (devenir) _____ fou!

2. Je (être) _____ ravi si elle m'écrivait tous les jours de la semaine!

3. Si j'étais sûr qu'elle m'aimait vraiment, je (être) _____ l'homme le plus heureux du monde!

4. Si nous avons de la chance, nous (pouvoir) _____ passer le week-end prochain ensemble!

5. Si nous pouvons faire des économies, nous (acheter) _____ une grande maison et (voyager) _____ tous les étés!

6. Si je (finir) _____ de réviser, je lui téléphonerai ce soir!

7. Même si je ne (finir) _____ pas de réviser, je lui téléphonerais ce soir!

8. Si nous (avoir) _____ des enfants, je leur donnerai beaucoup de choses.

9. Si nous (avoir) _____ des enfants, ce seraient les plus beaux enfants du monde!

10. Si Caroline (être) _____ ici maintenant, nous parlerions de tout ça!

Commencez ces phrases comme vous voulez. Attention au temps!

MODÈLE: <u>Si tu travailles bien</u> , tu réussiras à ton examen.

1. _____ , vous aurez plus de temps libre.

2. _____ , elles peuvent manger.

3. _____ , ta mère nous permettra d'aller au cinéma.

4. _____ , j'irais en Angleterre.

5. _____ , tu joueras au basket et feras de la natation.

6. _____ , nous serions tous des artistes.

7. _____, je jouerais du piano et du trombone.

8. _____, vous liriez *Le Mythe de Sisyphe*.

9. _____, tu ne serais pas content.

10. _____, rentrez chez vous!

TROISIÈME ÉPISODE

ACTIVITÉ 7: LE COMPARATIF (VOIR PAGE 444)

A. *Comparez les choses et les peronnes à gauche avec les choses et les personnes à droite. Utilisez plus ou moins.*

beau

MODÈLE: Monsieur Ducharme

Hugues

chic

1. le Café Cintra

le Café du Coin

féroce

2. le tigre

Sammie

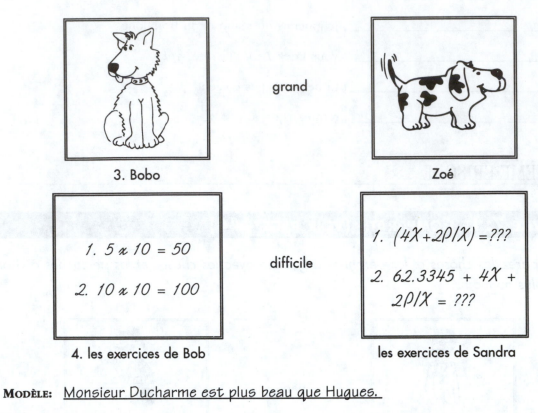

grand

3. Bobo

Zoé

difficile

1. 5 x 10 = 50

2. 10 x 10 = 100

1. (4X +2P/X) = ???

2. 62.3345 + 4X + 2P/X = ???

4. les exercices de Bob

les exercices de Sandra

MODÈLE: Monsieur Ducharme est plus beau que Hugues.

1. _____

2. _____

3. _____

4. _____

B. *Regardez les images encore une fois. Comparez les choses et les personnes à droite avec les choses et les personnes à gauche. Utilisez plus ou moins.*

MODÈLE: Hugues est moins beau que Monsieur Ducharme

1. _____

2. _____

3. _____

4. _____

ACTIVITÉ 8: MOINS BIEN QUE, AUSSI BIEN QUE, MIEUX...

Faites les comparaisons!

MODÈLE: je / parler français / votre professeur de français (-)
Je parle français moins bien que mon professeur de français.

1. je / parler français / vos camarades de classe (=)

_____

2. il / chanter / Luciano Pavarroti (+)

_____

3. elle / danser / Madonna (=)

_____

4. votre frère / skier / Jean-Claude Killy (+)

_____

5. Richard / écrire / Albert Camus (-)

_____

6. Héloïse / comprendre l'espagnol / Monsieur Desmoulins (=)

_____

7. Sébastien / cuisiner / Guy Savoy (=)

_____

8. Christophe / parler anglais / Natacha (-)

_____

9. Je / nager / Mark Spitz (-)

_____

ACTIVITÉ 9: LES RELATIONS PERSONNELLES (VOIR PAGE 445)

Quelle est la bonne réponse? Choisissez-là!

MODÈLE: À ton avis, est-ce qu'on se dispute trop?
    a. Oui, moi aussi, je suis déçue.
  ✓ b. Mais non, nous sommes rarement fâchés.

1. Ça va mal!

  a. Oui, je me sens mieux.

  b. Oui, on se dispute trop.

2. Ça va mieux!

  a. Oui, ce n'était qu'un malentendu.

  b. Oui, on se dispute trop.

3. Vous vous êtes réconciliés?

    a. Oui, aujourd'hui on s'est disputé encore. J'en ai assez!

    b. Oui, on ne se dispute plus.

4. Vous vous êtes expliqués?

    a. Mais oui! Je suis très très fâché!

    b. Mais oui! Et on commence à parler de l'avenir.

5. Vous vous êtes embrassés?

    a. Ah non! Il n'en ai pas question! Il ne me plaît pas du tout.

    b. Oui, on s'est disputé.

QUATRIÈME ÉPISODE

ACTIVITÉ 10: LE SUPERLATIF (VOIR PAGE 451)

Répondez aux questions suivantes en phrases complètes.

MODÈLE: À votre avis, qui sont les meilleurs compositeurs de l'histoire?
<u>Bach, Haydn et Mozart sont les meilleurs compositeurs de l'histoire.</u>

1. À votre avis, quelle est la plus jolie ville du monde?

_____

2. À votre avis, qui est la personne la plus intéressante que vous connaissez?

_____

3. À votre avis, quelle est la découverte scientifique la plus importante de l'histoire?

_____

4. À votre avis, qui est le / le meilleur écrivain du monde?

_____

5. À votre avis, quels sont les animaux les plus intelligents?

_____

6. À votre avis, qui a le moins de difficultés en français dans votre classe?

_____

7. À votre avis, qui est actuellement le meilleur acteur du monde?

_____

8. À votre avis, qui est actuellement la meilleure actrice du monde?

_____

9. À votre avis, quel est le musée le plus intéressant que vous avez visité?

_____

10. À votre avis, quel est le meilleur film que vous avez vu récemment?

_____

ACTIVITÉ 11

Comment pourriez-vous dire les phrases suivantes autrement?

MODÈLE: Ricardo est le meilleur danseur de tous mes amis. (mieux)
              Ricardo danse le mieux de tous mes amis.

1. Elle parle le moins lentement de la classe. (rapidement)

_____

2. Janine est la meilleure chanteuse. (mieux)

_____

3. Pierre est le meilleur joueur. (mieux)

_____

4. Kareen joue la mieux (meilleure)

_____

5. Moufida travaille le moins follement de toutes ses amies. (tranquillement)

_____

ACTIVITÉ 12: POUR TERMINER! LA PLUS JOLIE VILLE DU MONDE...

À votre avis, quelle est la plus jolie ville du monde? Justifiez votre choix en la comparant à une autre ville, par exemple la ville où vous habitez actuellement. Est-ce qu'elle est plus grande? Est-ce qu'elle a plus de monuments? Moins d'embouteillages? Plus de cafés chic? Aimeriez-vous y habiter? Utilisez le comparatif, le superlatif et le conditionnel. Écrivez un paragraphe.

MODÈLE: À mon avis, Strasbourg est la plus jolie ville du monde. J'aimerais bien y
              habiter! C'est plus calme et plus propre que New York. C'est plus vieux que

New York et j'adore l'histoire! La plus jolie cathédrale de la France est à Strasbourg. Si j'habitais à Strasbourg je pourrais la visiter tous les jours...

Chapitre 15 ◆ LA VIE EN ROSE

PREMIER ÉPISODE

ACTIVITÉ 1: LA NÉGATION (SUITE) (VOIR PAGE 462)

A. *Cécile passe la journée chez sa tante qui est un peu malade et de très mauvaise humeur. Elle répond au négatif à chaque question que Cécile pose.*

MODÈLE: Qu'est-ce que tu as mangé ce matin? (ne... rien)
Je n'ai rien mangé ce matin.

1. Est-ce que tu as déjà parlé à maman aujourd'hui? (ne... pas encore)

_____

2. Est-ce que tu as déjà parlé à Oncle Thomas aujourd'hui? (ne... personne)

_____

3. Regardes-tu les informations à huit heures? (ne... plus)

_____

4. Est-ce que tu aimes les pâtes et la salade? (ne... ni... ni)

_____

5. Alors, est-ce que tu veux un sandwich au jambon et de la soupe aux carottes? (ne... ni... ni)

_____

6. Qui va te rendre visite demain? (ne... personne)

_____

7. Qu'est-ce qui te ferait plaisir aujourd'hui? (ne... rien)

_____

ACTIVITÉ 2

C'est bientôt la fin de l'année à la fac et on commence à parler d'emploi. Complétez les extraits de conversations suivantes en utilisant ne... pas encore _et_ ne... ni... ni.

MODÈLE: **A:** Est-ce que tu as commencé à chercher un poste?
B: <u>Non, je n'ai pas encore commencé à chercher</u>
A: Est-ce que tu as écrit ton curriculum vitae?
B: <u>Je n'ai ni commencé à chercher un poste ni écrit mon curriculum vitae.</u>

1. **A:** Est-ce que tu as déjà fait un stage?

B: _____

A: Est-ce que tu as fait une demande d'emploi?

B: _____

2. **A:** As-tu déjà commencé à écrire ton curriculum vitae?

B: _____

A: As-tu pensé à ce que tu veux faire?

B: _____

3. **A:** Est-ce que Paul et Bernard ont déjà eu des entretiens?

B: _____

A: Est-ce qu'ils ont eu des idées?

B: _____

4. **A:** Est-ce qu'ils répondent aux annonces d'offres d'emploi?

B: _____

A: Est-ce qu'ils répondent aux annonces d'offres de stage?

B: _____

5. **A:** As-tu déjà cherché des renseignements?

B: _____

A: As-tu parlé au bureau de travail?

B: _____

ACTIVITÉ 3: ET VOUS? LE MONDE DU TRAVAIL (VOIR PAGE 463)

Répondez aux questions suivantes.

1. Est-ce que vous avez déjà fait une demande d'emploi? Quelle sorte de travail vous intéresse?
   _____
   _____

2. Est-ce que vous avez déjà écrit votre curriculum vitae?
   _____

3. Est-ce que vous connaissez quelqu'un qui vous écrirait une lettre de recommandation?
   _____

4. Est-ce que vous avez eu des entretiens? Est-ce qu'ils étaient faciles ou difficiles?
   _____
   _____

5. Est-ce que vous connaissez quelqu'un qui a fait un stage? À votre avis, est-ce que les stages sont importants? Pourquoi? Pourquoi pas?
   _____
   _____
   _____
   _____

DEUXIÈME ÉPISODE

ACTIVITÉ 4: LES VERBES COMME OUVRIR (VOIR PAGE 468)

Complétez les questions avec la forme qui convient aux verbes indiqués. Ensuite, répondez en phrases complètes. Attention au temps!

1. Quand vous sortez avec vos amis, est-ce qu'en général vous (ouvrir) _____ la porte pour eux?
   _____

2. Quel était le dernier cadeau que vous (offrir) _____ à quelqu'un?

_____

3. Savez-vous qui (découvrir) _____ la vaccination par germe atténué?

_____

4. Vos camarades de classe, (souffrir) _____-ils à la fin de l'année scolaire?

_____

5. À votre avis, est-ce que vos études vous (ouvrir) _____ les yeux sur des mondes différents?

_____

TROISIÈME ÉPISODE

ACTIVITÉ 5: LES PRONOMS RELATIFS (SUITE)

Joignez les phrases suivantes à l'aide du pronom relatif, dont.

MODÈLE: Voici la voiture. Nous avons parlé de cette voiture.
<u>Voici la voiture dont nous avons parlé.</u>

1. Nous avons acheté du vin. Nous avions besoin de vin.

_____

2. Je connais une fille. Son père travaille à la poste.

_____

3. Ma soeur m'a acheté des chaussures. J'avais envie de ces chaussures.

_____

4. L'homme habite près de chez nous. Son fils est méchant.

_____

5. Le chien dort beaucoup. Elle s'occupe de ce chien cette semaine.

_____

6. Nous téléphonons à la jeune fille. Son père est malade.

_____

7. J'ai acheté la robe. J'avais parlé de cette robe.

_____

8. Voilà Christophe. Son cousin habite à Strasbourg.

_____

9. Cet acteur a joué dans de très bons films. J'ai oublié son nom.

_____

ACTIVITÉ 6: SAMEDI À L'HYPERMARCHÉ.

Mettez le pronom relatif approprié dans les dialogues suivants. Utilisez **qui, que,** *ou* **dont.**

MODÈLE: **A:** Est-ce que ça c'est le vin _qu'_ on a acheté la dernière fois?
          B: Oui mais aujourd'hui, achetons le vin _dont_ nous avons parlé hier.

1. **A:** Qu'est-ce que tu cherches?

   B: Je cherche les biscuits _____ tu avais envie.

2. **A:** Ce sont les fleurs _____ tu cherchais, n'est-ce pas?

   B: Oui, ce sont les fleurs _____ Maman avait envie.

3. **A:** C'est la femme _____ le frère travail à Thompson?

   B: Oui, c'est la femme _____ m'a aidée à trouvé un stage.

4. **A:** Ah voilà du bon jambon.

   B: Oui, mais ce n'est pas le jambon _____ je voulais.

5. **A:** Ce magasin est énorme. Où est-ce qu'on peut trouver le fromage?

   B: Demandons à cet homme. C'est l'homme _____ m'a aidée la dernière fois.

QUATRIÈME ÉPISODE

ACTIVITÉ 7: LES VERBES VOIR ET CROIRE (VOIR PAGE 477)

A. *Répondez aux questions suivantes. Utilisez le verbe* voir.

MODÈLE: Est-ce que tu vois ces deux gros chiens? (oui)
          Oui, je les vois.

1. Est-ce qu'elles voient leurs parents de temps en temps? (non)

_____

2. Est-ce que vous voyez mes lunettes? (nous, non)

_____

3. Verra-t-il la Tour Eiffel quand il sera à Paris? (oui)

_____

4. Est-ce que Marie a vu toutes ses copines en ville? (non)

_____

5. Est-ce que Benjamin va voir Caroline ce week-end? (oui)

_____

6. Maman, quand je serai aux États-Unis, est-ce que je verrai de grands batiments? (oui)

_____

B. _Répondez aux questions suivantes. Utilisez le verbe_ croire.

MODÈLE: Est-ce qu'Irénée croit en Dieu? (oui)

Oui, elle y croit.

1. Est-ce que tu crois que Papa va rentrer bientôt? (oui)

_____

2. Est-ce que Paul et Bernard croient aux fantômes? (non)

_____

3. Tu crois qu'ils vont terminer leurs devoirs avant le cours? (non)

_____

4. Est-ce que vous croyez encore au Père Noël? (nous /oui)

_____

5. Est-ce que tu crois qu'ils vont se fiancer cet été? (oui)

_____

6. Quand tu le lui a dit, est-ce qu'il t'a cru? (non)

_____

ACTIVITÉ 8: LES RELATIONS HUMAINES (VOIR PAGE 478)

A. _Démêlez les mots suivants pour trouver le mot caché._

1. rueoumax ____ ___ ___ ___ ___ ___ ___

2. éerima ____ ___ ___ ___ ___ ___

3. mocéérien ____ ___ ___ ___ ___ ___ ___ ___ ___

4. es refainc ____ ___ ___ ___ ___ ___ ___ ___ ___ ___

5. ubguae ____ ___ ___ ___ ___ ___

Mot caché: le ___ ___ ___ ___ ___ ___ ___ ___

B. *Est-ce que vous avez jamais assisté à un mariage? Est-ce que vous connaissiez le marié ou la mariée? Est-ce que c'était une jolie cérémonie? (Répondez en phrases complètes.)*

_____

_____

_____

_____

ACTIVITÉ 9: POUR TERMINER!

Lisez la lettre de Bertrand. Imaginez que vous ne pourrez pas assister à ses fiançailles. Imaginez que vous n'avez pas du tout commencé à chercher du travail pour cet été et que personne n'a rien trouvé chez vous. Imaginez que ça ne va pas très bien avec votre petit(e) ami(e). Ensuite répondez-lui.

Salut!

Hier j'ai eu une très bonne nouvelle. Tu sais que je cherchais un stage pour cet été, n'est-ce pas? Alors, j'ai fait une demande d'emploi auprès d'I.B.M. pour un stage à New York. Tu ne vas pas le croire, mais ils m'ont offert la position! Quelle chance, hein! Je vais passer mon été à New York! Tout le monde ici a trouvé quelque chose pour cet été. Mais ce n'est pas tout. Hier soir Claire et moi (c'est la fille magnifique dont je t'ai parlé), nous nous sommes fiancés! Je nage dans le bonheur! Les fiançailles auront lieu le premier week-end de septembre et, bien sûr, je compte sur ta présence. Crois-tu que tu seras libre? Et toi? Comment vas-tu? Est-ce que tu as commencé à chercher quelque chose pour cet été? Est-ce que tu as cherché des renseignements? Est-ce que tu as écrit ton curriculum vitae? Écris-moi vite et donne-moi de tes nouvelles!

À bientôt!
Bertrand

Cher Bertrand,

_____

_____

_____

_____

_____

_____

_____

_____

_____

_____

_____

_____

_____

_____

_____

_____

Lab Manual

◈

À L'AVENTURE

Chapitre préliminaire

❖

BONJOUR TOUT LE MONDE!

ACTIVITÉ 1: LES SALUTATIONS

A. *Listen to the following snatches of conversation. Circle the words and phrases you hear.*

MODÈLE: **1.** A: (Ça va?)   Oui, ça va   Comment ça va?

B: Oui, ça va.   Très bien, merci.   Ça va bien, et toi?

2. A: Comment vous appelez-vous? Comment t'appelles-tu? Tu t'appelles comment?

B: Je m'appelle Sara.   Martin, Henri Martin.   Je m'appelle Martin: Henri Martin.

3. A: Où habitez-vous?   Vous habitez où?   Où habites-tu?

B: J'habite à Rouen.   J'habite à Grenoble.   Moi, j'habite à Paris.

4. A: Je te présente mon amie, Julie.   Je vous présente mon amie, Julie.

B: Ça va?   Enchanté.

B. *Listen again and decide which exchanges are formal and which are informal. Check (✓) the answer.*

		FORMAL	INFORMAL
MODÈLE:	1.	_____	✓
	2.	_____	_____
	3.	_____	_____
	4.	_____	_____

ACTIVITÉ 2: L'ALPHABET

A. *Listen to the model and repeat each letter.*

A B C D E F G H I J K L M N O P Q R S T U V W X Y Z

B. *Write the letters you hear. What words do they spell?*

1. _____   4. _____   7. _____

2. _____   5. _____   8. _____

3. _____   6. _____   9. _____

C. *Use the words in Part B and write a mini-dialogue below. Then listen to the dialogue.*

A: _____

B: _____

ACTIVITÉ 3: LES NOMBRES DE 0 À 31

A. *LES MATHÉMATIQUES Write the problems you hear. Solve each problem.*

Modèle: _20 + 7_ = _27_

1. _____ = _____

2. _____ = _____

3. _____ = _____

4. _____ = _____

5. _____ = _____

B. LES SOLUTIONS Listen and check your answers to Part A.

C. LES NUMÉROS DE TÉLÉPHONE Benjamin is asking his new friends for their phone numbers. Write them down for him. In France, phone numbers have 10 digits and are written like this: 25-30-15-16-20.

  1. Jean-Loup _____

  2. Joël _____

  3. Léopold _____

C. QUELLE HEURE EST-IL? Monique works in a news stand and is often asked for the time. Listen and check (✓) the time you hear.

  MODÈLE: ☑ 4:30   ☐ 5:30

  1. ☐ 7:45   ☐ 8:15

  2. ☐ 6:10   ☐ 7:10

  3. ☐ 12:00 a.m.   ☐ 12:00 p.m.

  4. ☐ 1:20   ☐ 1:40

ACTIVITÉ 4: QUELLE EST LA RÉPONSE? (WHAT'S THE ANSWER?)

A. Listen to the questions and write the responses you hear.

  MODÈLE: A: Comment vous appelez-vous?
  　　　　　　 B: _Je m'appelle Benjamin._

  1. _____

  2. _____

  3. _____

  4. _____

  5. _____

  6. _____

B. ET VOUS? Answer the questions.

  MODÈLE: You hear: Quel temps fait-il aujourd'hui?
  　　　　　　 You write: _Il fait beau aujourd'hui._

1. _____

2. _____

3. _____

ACTIVITÉ 5: AUJOURD'HUI, QUEL TEMPS FAIT-IL?

Listen to the weather report for France. Check (✓) the column that best matches the weather in each city.

	☀	☂	🌬	❄
MODÈLE: Grenoble	☐	☐	☐	☐
1. Rouen	☐	☐	☐	☐
2. Paris	☐	☐	☐	☐
3. Bordeaux	☐	☐	☐	☐
4. Montpellier	☐	☐	☐	☐

ACTIVITÉ 6: QU'EST-CE QUE C'EST? / QUI EST-CE?

Check (✓) the question you would ask to elicit the responses you hear.

	QU'EST-CE QUE C'EST?	QUI EST-CE?
MODÈLE:	☑	☐
1.	☐	☐
2.	☐	☐
3.	☐	☐
4.	☐	☐
5.	☐	☐
6.	☐	☐
7.	☐	☐

Chapitre préliminaire

Chapitre 1 ◈ **L'ARRIVÉE**

PREMIER ÉPISODE

ACTIVITÉ 1: LES PRONOMS PERSONNELS SUJETS

Listen to the following questions. Then check the correct response.

MODÈLE: ☑ Oui, elle est à la pharmacie.

☐ Oui, il est à la pharmacie.

1. ☐ Oui, elle est grande.

☐ Oui, il est grand.

2. ☐ Oui, elle habite à Rouen.

☐ Oui, il habite à Rouen.

3. ☐ Oui, elles sont paresseuses.

☐ Oui, ils sont paresseux.

4. ☐ Oui, elle arrive.

☐ Oui, il arrive.

5. ☐ Oui, elle habite à Paris

☐ Oui, il habite à Paris.

6. ☐ Oui, elle est grande.

☐ Oui, il est grand.

7. ☐ Oui, elles sont sympathiques.

☐ Oui, ils sont sympathiques.

ACTIVITÉ 2: LE VERBE ÊTRE

A. Où SONT-ILS? *Listen and match the people with their locations.*

MODÈLE: ___f___ **1.** Philippe   a.   à la maison

_____ **2.** Simone   b.   en Afrique

_____ **3.** Je   c.   en classe

_____ **4.** Anatole et moi   d.   à la pharmacie

_____ **5.** Françoise et Véronique   e.   à la banque

_____ **6.** Vous   f.   à Paris

_____ **7.** Tu   h.   à l'aéroport

_____ **8.** Paul et Arthur   i.   à Notre Dame

B. DICTÉE. *Now listen again. Stop the tape after each item and write the sentences you hear.*

Modèle: **1.**   <u>Philippe est à Paris.</u>

2. _____

3. _____

4. _____

5. _____

6. _____

7. _____

8. _____

DEUXIÈME ÉPISODE

ACTIVITÉ 3: LES ADJECTIFS QUALIFICATIFS

A. *Look at the pictures and listen to the tape. Match the descriptions you hear with the pictures (you may have to listen more than once). Number the pictures as you listen. One of the pictures will not match a description. When you have determined which picture that is, make up a name for that person and write it down along with a few sentences you could use to describe that person to a friend.*

_____   _____

_____   _____

Write your description here.

_____

_____

_____

_____

_____

B. **EST-CE VRAI OU FAUX** *Listen to the tape again. Are the statements below true or false? Write* vrai *or* faux. *Try to correct each false statement.*

_____ **1.** Jean-Georges habite à Paris.

_____

_____ **2.** Joël déteste la France.

_____

_____ **3.** Janine et Maurice sont anglais.

_____

TROISIEME ÉPISODE

ACTIVITÉ 4: L'ARTICLE INDÉFINI

A. Listen to the following conversation. Listen for familiar words and phrases. Then answer the questions.

1. Où sont-ils? _____

2. Qu'est-ce qu'elle désire la femme? _____

3. C'est combien un sandwich? _____

4. Qu'est-ce qu'il commande le monsieur? _____

B. You are in the same café and overhear the following exchanges between the waiter (le garçon) and his customers (les cliénts). Listen and fill in the missing words.

Modéle: Le garçon: Vous désirez?
　　　　　Le client:　Je voudrais <u>un café</u> et <u>un jus d'orange</u> .

1. Le client:　C'est combien _____?

　　 Le garçon: 20 francs.

2. Le client:　_____ et _____, s'il vous plaît.

　　 Le garçon: Une bière et _____, d'accord.

　　 Le client:　Non, une pizza!

3. Le garçon: _____ et _____?

　　 Le client:　Non, _____ verre de lait et _____ croque-monsieur.

C. ET VOUS? *You and a friend are having lunch together. The waiter comes over and takes your friend's order then turns to you. Listen. Then imagine the rest of the conversation. Write four or five more lines. Use expressions like* s'il vous plaît, c'est combien? *and* je voudrais.

FRIEND: Une menthe à l'eau et une pizza, s'il vous plaît.

WAITER: Une menthe à l'eau et une omelette, d'accord.

FRIEND: Non, une pizza!

WAITER: Une pizza, d'accord. Et pour vous?

YOU: _____

WAITER: _____

YOU: _____

WAITER: _____

ACTIVITÉ 5: PRONONCIATION: LA LIAISON

One of the things that makes French so pleasant to listen to is the linking together of certain sounds. This is called **liaison**. *As you hear more and more French, you will learn exactly where to make (or avoid)* **liaison**. **Liaison** *occurs only when a word ending in a consonant (usually* **s**, **x**, *or* **t**) *precedes a word beginning with a vowel or a mute* **h**, *as in the word* **heure** *(hour). The final* **s** *or* **x** *sounds like* [**z**] *in liaison. The phrases below illustrate* **liaison**.

1. Pronounce these phrases after your professor or lab tape.
   a. Les étudiants sont tristes.
   b. Il est ici.
   c. Vous êtes coréen?
   d. Ce sont des activités.
   e. Je suis étudiant.
   f. Il est six heures.

2. Pronounce each phrase, being careful to make the **liaison**. Then listen to your professor or lab tape to check your pronunciation.
   a. Tu es une femme intelligente.
   b. Il est anglais.
   c. Ils sont italiens.
   d. Il est deux heures.
   e. Nous préparons des exercices difficiles.
   f. Dansent-ils?
   g. Les hôtels sont grands.

Chapitre 2 ◆ JULIE S'INSTALLE

PREMIER ÉPISODE

ACTIVITÉ 1: L'ARTICLE DÉFINI

Sébastien and Stéphanie are talking about things they like. Listen and fill in the blanks with the correct form of the definite article: le, l', la, les. Then listen and check who likes which thing.

		SÉBASTIEN	STÉPHANIE
MODÈLE:	l' eau minérale	☐	☐
1.	_____ limonade	☐	☐
2.	_____ biologie	☐	☐
3.	_____ mathématiques	☐	☐
4.	_____ japonais	☐	☐
5.	_____ chinois	☐	☐
6.	_____ rouge	☐	☐
7.	_____ orange	☐	☐
8.	_____ baskets	☐	☐
9.	_____ tennis	☐	☐

A. C'EST À QUI? *To whom do the following things belong? Match the objects on the left with the people on the right.*

MODÈLE: ___j___ livre   **a.** Jean

_____ **1.** disques compacts   **b.** les étudiants

_____ **2.** baladeur   **c.** Sophie

_____ **3.** aspirines   **d.** la jeune fille

_____ **4.** calculatrice   **e.** Frédérique

_____ **5.** robe bleue   **f.** le professeur

_____ **6.** baskets   **g.** Alice

_____ **7.** cassettes   **h.** Olivier

_____ **8.** robe violette   **i.** Colette

_____ **9.** photo   **j.** Georges

B. *Now that you know to whom everything belongs, help Madame Nerval, who is in charge of getting everything back to its owner. Write the answers to her questions.*

MODÈLE: Non, c'est le livre de Georges.

1. _____

2. _____

3. _____

4. _____

5. _____

DEUXIÈME ÉPISODE

ACTIVITÉ 3: LA NÉGATION

A. *Mark whether the sentences you hear are Négatif or Affirmatif.*

	NÉGATIF	AFFIRMATIF
MODÈLE:	☑	☐

	NÉGATIF	**AFFIRMATIF**
1.	☐	☐
2.	☐	☐
3.	☐	☐
4.	☐	☐
5.	☐	☐
6.	☐	☐
7.	☐	☐
8.	☐	☐
9.	☐	☐

B. *Stéphanie and Sébastien are at a café. Listen to part of their conversation. Then answer the questions below.*

MODÈLE: Est-ce que Stéphanie aime le Rap?
<u>Non, elle n'aime pas le Rap.</u>

1. Est-ce qu'elle aime la musique?

_____

2. Est-ce que Sébastien aime la salsa?

_____

3. Est-ce que Stéphanie aime bien danser?

_____

4. À votre avis (*in your opinion*), est-ce que Sébastien adore danser aussi?

_____

ACTIVITÉ 4: LA PLACE DE L'ADJECTIF

A. *Monsieur Ducharme asked his students to pick one person in the class and describe him or her. Instead of describing classmates, the students described Monsieur Ducharme. Listen to their description and circle the adjectives that describe him.*

1. beau   mince   gros

2. sénégalais   français   coréen

3. calme	actif	désagréable
4. paresseux	énergique	timide
5. sympathique	pessimiste	optimiste
6. chic	sale	petite

B. A VOUS! IT'S YOUR TURN *Monsieur Ducharme then asked his students to use adjectives like the ones they used in describing him, to describe a woman. Try the assignment! Write the description here.*

_____

_____

_____

TROISIÈME ÉPISODE

ACTIVITÉ 5: LES VERBES DE PRÉFÉRENCE?

Listen and write the answers to the questions. Use aimer, aimer bien, adorer, détester *or* n'aimer pas du tout.

MODÈLE: Non. Je. n'aime pas du tout la télévision.

1. _____

2. _____

3. _____

4. _____

5. _____

6. _____

7. _____

8. _____

QUATRIÈME ÉPISODE

ACTIVITÉ 6: PRONONCIATION: LES SONS [s] ET [z]

In most cases in French, the letter **s** is pronounced like the double **s** in hi**SS** ([s]). Other spellings that sound the same are **ç** or **c** before **i** or **e**. If a word contains a single **s** between two vowels, however, pronounce it like the [z] in bu**ZZ**. The letter **z** is also pronounced [z]. Final **s** is almost always silent in French.

1. Look over the words below; then listen and repeat. Pay attention to spelling while you pronounce the words.

[s]	[z]
chaussettes	rose
français	chemise
c'est	furieuse
cinq	zéro
nous sommes	vous êtes
ils sont	ils aiment

2. Now look over the words below. Copy the list onto a separate sheet of paper. Next to each word or group, mark either [s] or [z] to indiatce the right sound. Then say all the words aloud..

   a. onze
   b. chemise
   c. chaussure
   d. monsieur
   e. mademoiselle
   f. veste
   g. cassette
   h. ça va
   i. n'est-ce pas
   j. maison

Chapitre 3 ◆ À LA MAISON

PREMIER ÉPISODE

ACTIVITÉ 1: LE VERBE AVOIR

Write the form of the verb 'avoir' you hear in the following sentences.

MODÈLE: ___ai___

1. _____

2. _____

3. _____

4. _____

5. _____

6. _____

7. _____

ACTIVITÉ 2: LES POSSESSIONS

A. *Everyone is talking about possessions. Listen and circle the item that isn't mentioned.*

MODÈLE: un ordinateur   une stéréo   (un téléphone)

1. un magnétoscope   une stéréo   une radio

2. une chaise   une commode   un sofa

3. une table basse   une lampe   un sofa

4. un fauteuil   un lit   une commode

5. des toilettes   une salle à manger   un bureau

B. *Listen again. This time write down the items you hear that are not included in the above lists.*

MODÈLE: une télévision

1. _____

2. _____

3. _____

4. _____

5. _____

DEUXIÈME ÉPISODE

ACTIVITÉ 3: LES MEMBRES DE LA FAMILLE

Read the questions. Listen to Alain describe himself and his family. Then write the answers. You may have to listen more than once.

1. Où est-ce qu'Alain habite?

   _____

2. Est-ce qu'il est banquier?

   _____

3. Comment s'appelle sa femme?

   _____

4. Comment s'appellent leurs filles?

   _____

5. Comment s'appellent les deux grands-mères de Charlotte et Sarah?

   _____

6. Et comment s'appellent les deux grand-pères?

   _____

7. Qui habite en Bretagne?

_____

8. Qui est Simone?

_____

TROISIÈME ÉPISODE

ACTIVITÉ 4: LES EXPRESSIONS AVEC AVOIR

Listen and match the descriptions with the pictures. Number the pictures as you listen. The first one is done for you.

ACTIVITÉ 5: L'INTERROGATION

A. Do the following questions. Use intonation, inversion, or est-ce que? Check (✓) the correct answer.

	INTONATION	INVERSION	EST-CE QUE
MODÈLE:	☐	☑	☐
1.	☐	☐	☐
2.	☐	☐	☐
3.	☐	☐	☐
4.	☐	☐	☐
5.	☐	☐	☐
6.	☐	☐	☐
7.	☐	☐	☐

B. Now listen again and answer each question. Stop the tape if necessary.

MODÈLE: J'admire Emily Dickinson et Gertrude Stein.

1. _____

2. _____

3. _____

4. _____

5. _____

6. _____

7. _____

ACTIVITÉ 6: PRONONCIATION

LES VOYELLES NASALES

By now you probably have noticed that French has certain sounds that do not exist in English. The nasal vowels may be the most obvious of these sounds. There are several nasal vowels in French. They are generally indicated by **m** or **n** in spelling. If an **m** or **n** is doubled after a vowel or is followed by a vowel, the preceding vowel is not nasalized. Examples included **homme, immortel, imiter, bonnet, italienne, initial.**

1. Look over the words below to find the nasal vowels. Then listen to your professor or lab tape and repeat the words.

[ã]	[ɛ̃]	[ɔ̃]
grand	vingt	onze
français	mince	comptable
dans	bain	son
gentil	cinq	monde
enfant	électricien	avons
chambre	chien	répondeur

2. For words spelled with **-um** or **-un**, some native speakers will pronounce the sound as [ɛ̃] and some will pronounce it [œ̃]. Listen closely to your professor or lab tape and imitate the sound you hear in the following words.

        un   lun**di**   br**un**   parf**um**   comm**un**   hum**ble**

3. Look over the groups of words below. In each group, there are three words with a nasal vowel, and one word where the vowel is *not* nasal. Decide which word does not belong, then pronounce the remaining words. Then listen to your lab tape to check your answers.

a. salon	compact	bonnet	maison
b. minuit	mince	impossible	cinq
c. Jean	soixante	ranger	Anne

Chapitre 4 ◦ À LA RECHERCHE D'UN APPARTEMENT

PREMIER ÉPISODE

ACTIVITÉ 1: L'HEURE

Monsieur Lecompte works at the ticket counter in the Gare de Lyon in Paris. Listen to his conversations with customers. Write the time each train is scheduled to leave and the time it is now. Is each person en retard, en avance *or* à l'heure? *Check what each person might say.*

		ZUT! JE SUIS EN RETARD	C'EST BON. JE SUIS EN AVANCE.	PARFAIT. JE SUIS À L'HEURE
MODÈLE:	Départ: <u>15:45</u> Maintenant: <u>15:15</u>	☐	☑	☐
1.	Départ: _____ Maintenant _____	☐	☐	☐
2.	Départ: _____ Maintenant: _____	☐	☐	☐
3.	Départ: _____ Maintenant: _____	☐	☐	☐
4.	Départ: _____ Maintenant: _____	☐	☐	☐

ACTIVITÉ 2: L'EMPLOI DU TEMPS

Some of the information is missing from Florence's schedule. Listen to her describe her plans for the next few days then fill in her schedule.

JEUDI **16 MARS**	VENDREDI **17 MARS**	SAMEDI **18 MARS**
10h00 cours _____	_____ cours d'économie	11h00 _____
_____ déjeuner avec Julie	11h00 piscine	1h00 _____
_____ café	_____	_____ dîner chez Paul

DEUXIÈME ÉPISODE

ACTIVITÉ 3: LES JOURS, LES MOIS ET LES SAISONS

Jean Marc and Alexandra are having a hard time finding a time to get together. Listen to their conversation and answer the questions.

MODÈLE: Est-ce qu' Alexandra travaille de neuf heures à dix-sept heures?
<u>Non, elle travaille de neuf heures à dix-huit heures.</u>

1. Est-ce qu' Alexandra travaille du lundi au samedi?

_____

2. Jean-Marc travaille le samedi et le dimanche, n'est-ce pas?

_____

3. De quelle heure à quelle heure est-ce qu'il travaille?

_____

4. Où est-ce qu'il travaille?

_____

5. À quelle heure et quel jour ont-ils rendez-vous?

_____

ACTIVITÉ 4: LE VERBE *FAIRE*

A. It's Saturday morning at the Bouverot's and everyone is doing something different. Listen and check (✔) the activity of each person.

		COURSES	GRASSE MATINÉE	PROMENADE	VAISSELLE	DEVOIRS	LIT	SIESTE
MODÈLE:	Dominique		✔					
	Catherine							
	Pierre							
	Christine							
	Jean-Claude							
	Tante Cécile							
	Oncle Georges							
	Dallas							

B. Listen again and answer the questions.

MODÈLE: **1.** Il fait son lit et la vaisselle.

2. _____

3. _____

4. _____

TROISIÈME ÉPISODE

ACTIVITÉ 3: LES MOTS INTERROGATIFS

Answer the following questions.

1. _____

2. _____

3. _____

4. _____

5. _____

ACTIVITÉ 4: LES PRÉPOSITIONS

It's Saturday afternoon and Madame Chartrand's four daughters are out on the town. Madame Chartrand has asked each of them to call her to let her know where they are.

A. *Listen and circle their current location.*

> **MODÈLE:** Hélène   (au parc)   à la bibliothèque   au café

1. Frédérique   à la boulangerie   à la poste   au café

2. Cécile   au parc   au cinéma   au centre commercial

3. Nicolette   à l'épicerie   au théâtre   à la bibliothèque

B. *Listen again. This time write where each place is.*

> **MODÈLE:** <u>C'est derrière la bibliothèque</u>

1. _____

2. _____

3. _____

ACTIVITÉ 5: PRONONCIATION (VOIR PAGE 141 & 142)

LES SONS [ɛ] ET [e]

1. Listen and say the words below, concentrating on the vowel sound of the highlighted letters.

$$[ɛ]$$

f**ê**te	sem**ai**ne	**e**lle	fen**ê**tre
s**e**ptembre	m**e**ttre	acc**e**pte	toil**e**ttes
f**ai**re	**e**st-ce	derri**è**re	

$$[e]$$

él**é**gant	t**é**l**é**vision	S**é**bastien	a**é**roport
d**é**cembre	d**é**cid**e**r	côt**é**	r**é**p**é**t**ez**

2. Each pair of words contrasts the sounds [ɛ] and [e]. Pronounce each word carefully. Then listen and check your pronunciation.

a. thé / tête   c. décembre / septembre   f. Claire / clé

b. faites / fée   d. dernier / dernière   g. ôter / hôtel

                          e. premier / première

Chapitre 5 ◈ GRENOBLE, ME VOILÀ!

PREMIER ÉPISODE

ACTIVITÉ 1: LE VERBE *ALLER*

Listen to the conversations. Are these sentences true or false? Write vrai *or* faux.

> **MODÈLE:** (Alex et Henri)
> Henri va à la pharmacie. <u>faux</u>
> Alex va au cinéma. <u>vrai</u>
> Alex aime aller au cinéma seul. <u>faux</u>

1. (Lucy et Thomas)

    a. Lucy et Thomas vont au gymnase ensemble ce soir. _____

    b. Lucy n'a pas envie d'aller au gymnase parce qu'elle est fatiguée. _____

    c. Thomas va au gymnase seul. _____

2. (Claire et Sandra)

    a. Sandra va en Egypte cet été. _____

    b. Elle y va en juin. _____

    c. Cet été Claire va chez sa tante. _____

3. (Barbara, Nicole, Paul)

    a. Barbara voudrait aller en Arfique. _____

    b. Nicole n'a pas très envie d'aller en Afrique. _____

    c. Paul n'aime pas du tout les avions. _____

ACTIVITÉ 2: OÙ SE TROUVE...?

Caroline is telling her cousin, Clara, where she can find things in town. Help complete Clara's notes by filling in the missing prepositions.

    MODÈLE: Le gymnase est *devant* l'hypermarché.

    1. La fromagerie est _____ la pâtisserie.

    2. La piscine est _____ le gymnase.

    3. La poste est _____ la boulangerie et le bureau de tabac.

    4. La librairie est _____ la poste.

    5. Le musée est _____ la banque.

    6. Le stade est _____ la ville.

ACTIVITÉ 3: À + L'ARTICLE DÉFINI (VOIR PAGE 153)

Listen to the following exchanges and write down where everyone is going.

    MODÈLE: Birgit va *à la boulangerie* .

    1. Monsieur Ducharme va _____

    2. Klaus va _____

    3. Elles vont _____

    4. Ils vont _____

    5. Janine va _____

DEUXIÈME ÉPISODE

ACTIVITÉ 4: LE FUTUR PROCHE (VOIR PAGE 156)

Benjamin has decided he needs to improve his habits and organize his life a little. Listen to his plans and answer the questions below. You may have to listen more than once.

1. Qu'est que Benjamin va faire d'abord? _____

2. Pourquoi est-ce qu'il ne va pas faire les courses? _____

3. Quand est-ce que Benjamin va faire une promenade? _____

4. Avec qui est-ce qu'il va manger? _____

5. Qu'est-ce qu'il va faire à la maison la semaine prochaine? _____

6. Où est-ce qu'il va aller le week-end prochain? _____

ACTIVITÉ 5: ET VOUS?

Listen to the following questions. Answer them in complete sentences using the futur proche.

1. _____

2. _____

3. _____

4. _____

5. _____

ACTIVITÉ 6: QUELLE EST LA BONNE RÉPONSE?

Listen and select the correct answer to the questions you hear.

MODÈLE: ☐ Non, ils prennent un taxi.
☑ Non, nous prenons le métro.

1. ☐ Oui, elle comprend le chinois.

☐ Non, elle apprend le japonais.

2. ☐ Non, ils prennent le train.

☐ Non, ils apprennent le russe.

3. ☐ Non, nous ne comprenons pas.

   ☐ Non, il ne comprend pas.

4. ☐ Oui, je prends l'avion.

   ☐ Oui, j'apprends l'allemand.

5. ☐ Non, ils apprennent l'anglais à Sophie.

   ☐ Oui, il apprend l'anglais à Charles.

TROISIÈME ÉPISODE

ACTIVITÉ 7: LES ADJECTIFS DEMONSTRATIFS

A. *Listen to the following snatches of conversation. Check (✓) the objects you think each person will buy.*

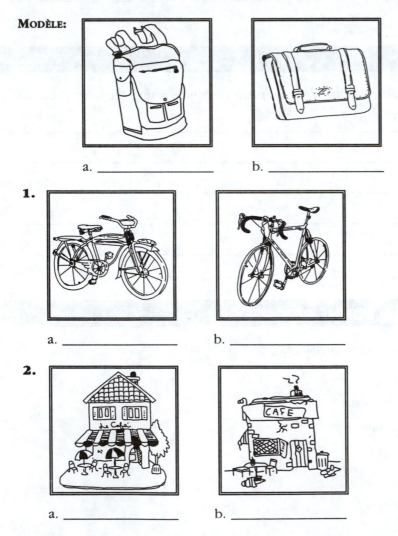

MODÈLE:

a. _____   b. _____

1.

a. _____   b. _____

2.

a. _____   b. _____

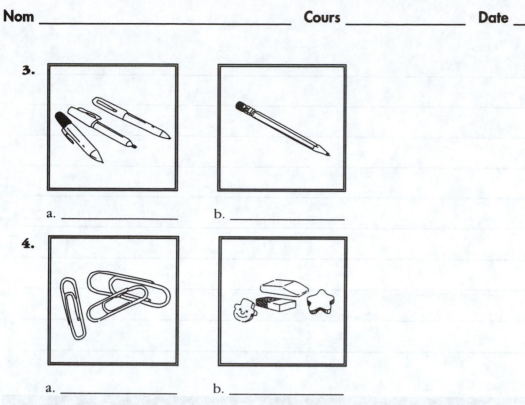

3.

a. _____   b. _____

4.

a. _____   b. _____

B. *Listen and complete the sentences with the correct form of* acheter.

1. J'_____.

2. Alors tu _____.

3. Vous _____, d'accord?

4. Et voilà. Nous _____.

5. Oui, elles _____..

QUATRIÈME ÉPISODE

ACTIVITÉ 8: LE PRONOM ADVERBIAL Y (VOIR PAGE 168)

A. *Answer the questions. Then give at least one reason why you answered the way you did. Make sure to use* y *whenever possible.*

MODÈLE: <u>Non, je n'y vais pas souvent. Je préfère aller à la piscine.</u>
   ou: <u>Oui, j'y vais tout le temps. Le gymnase est près de chez moi.</u>

1. _____

_____

2. _____

_____

3. _____

_____

4. _____

_____

5. _____

_____

6. _____

_____

ACTIVITÉ 9: PRONONCIATION (VOIR PAGE 176)

LES SONS [U] ET [Y]

1. The French sound [u] is similar to the long **u** (as in do and too) in English. In French it is represented by the spelling combination **ou**. Look over the following words. Then listen and repeat each one.

t**ou**t	**ou**	p**ou**r
l**ou**e	v**ou**s	c**ou**rs
b**ou**levard	s**ou**vent	b**ou**cherie

2. In French, the vowel [y] must be distinguished from [u]. It occurs in spellings with **u** when it is not in the combination **ou**. How can you make the correct French sound? Pucker your lips as if you were going to whistle, and put the tip of your tongue against your bottom teeth. Without moving anything say **eee**. **Voilà!** Now listen and say the words below.

t**u**	e**u**	p**u**re	pl**u**s
l**u**	r**u**e	c**u**rieux	camp**u**s
b**u**	s**u**r	b**u**reau	s**u**ccès

3. In each group below, one of the words doesn't fit with the others. Write it and say it aloud. Then listen to check your answers.

a. toujours	rouge	bureau
b. trouve	tu	rue
c. étudie	sous	coûtent
d. musée	boulevard	courses
e. où	du	étude

Chapitre 6 · PREMIER WEEK-END

PREMIER ÉPISODE

ACTIVITÉ 1: BOIRE, PRENDRE, MANGER, DÉJEUNER, DÎNER (VOIR PAGE 182)

Select the response that best answers the questions you hear.

MODÈLE: ☐ Il prend un thé citron.

☐ Je prends un café crème.

1. ☐ Une crêpe.

   ☐ Un verre de vin rouge.

2. ☐ Nous buvons une orange pressée.

   ☐ Je bois une orange pressée.

3. ☐ Non, je prends un sandwich au jambon.

   ☐ Deux thés, s'il vous plaît.

4. ☐ En général nous déjeunons à midi le week-end.

   ☐ En général nous dînons vers huit heures du soir.

5. ☐ Non, je ne bois pas de kir. Je bois un verre de vin blanc.

   ☐ Non, ils ne boivent pas de kir. Ils boivent un verre de vin blanc.

ACTIVITÉ 2: AU CAFÉ

Answer the following questions in the negative.

> **MODÈLE:** Est-ce que vous mangez un sandwich au fromage?
> <u>Non, je ne mange pas de sandwich au fromage.</u>

1. Est-ce qu'elles prennent une salade niçoise?

_____

2. Buvons-nous un coca?

_____

3. Est-ce que vous prenez une omelette?

_____

4. Est-ce que vous avez des sandwichs?

_____

5. Est-ce que vous aimez le citron pressé?

_____

DEUXIÈME ÉPISODE

ACTIVITÉ 3: LE PARTITIF (VOIR PAGE 190)

Help Monsieur Schillinger answer his clients' questions. Stop the tape after each question so you will have time to write your answers.

MODÈLE:

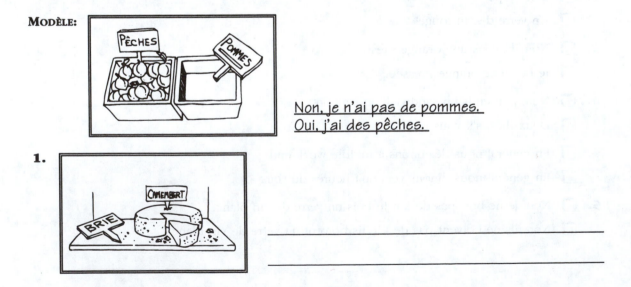

<u>Non, je n'ai pas de pommes.</u>
<u>Oui, j'ai des pêches.</u>

1.

_____

_____

2.

SAUMON   TRUITE

_____

_____

3.

AGNEAU   SAUCISSON

_____

_____

4.

TARTE AUX FRAISES   TARTE AUX POMMES

_____

_____

TROISIÈME ÉPISODE

ACTIVITÉ 4: LES EXPRESSIONS DE QUANTITÉ

It is Julie's turn to do the grocery shopping. She and Caroline made a list but she left it at home. On the way to the supermarket she tries to remember what they are out of. Listen and make a list of what Julie and Caroline need. You may have to listen more than once.

MODÈLE:

LA LISTE:

___des oeufs___   _____   _____

___du beurre...___   _____   _____

_____   _____   _____

_____   _____   _____

_____   _____   _____

_____   _____   _____

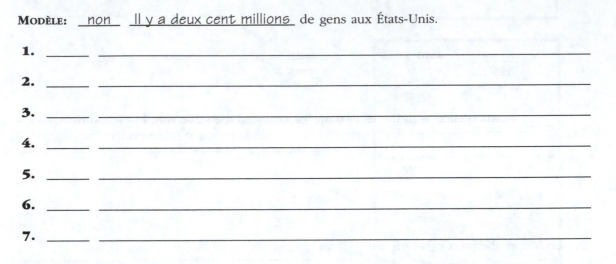

ACTIVITÉ 5: LA VIE AUX ÉTATS-UNIS

Catherine is curious about life in the United States and is speculating about some prices and figures. In some cases she is quite close, in others she is way off. If she is close, write, oui, if she is not, write, non. Listen again and correct her. Write your best guess.

MODÈLE: _non_ _Il y a deux cent millions_ de gens aux États-Unis.

1. _____ _____

2. _____ _____

3. _____ _____

4. _____ _____

5. _____ _____

6. _____ _____

7. _____ _____

QUATRIÈME ÉPISODE

ACTIVITÉ 6: LA NÉGATION (VOIR PAGE 203)

Using ne...plus and ne...rien, respond in the negative to each of the questions you hear.

MODÈLE: _Non, je n'ai plus envie d'aller au café._

1. _____

2. _____

3. _____

4. _____

5. _____

6. _____

7. _____

ACTIVITÉ 7: PRONONCIATION (VOIR PAGE 208)

LES SONS [o] ET [ɔ]

1. In French, the close [o] sound occurs in a syllable that ends in a vowel sound. The lips are rounded and slightly pushed forward, as if to kiss someone. French spelling has different combinations for the sound [o]: h**ô**tel, b**eau**, **aux**, gr**os**. Listen and repeat the words below, paying special attention to the spellings in bold.

auto	**faux**	m**ot**
b**eaux**	gr**os**	n**os**
chât**eau**	h**aut**	r**ô**ti

2. Not all words spelled with the letter **o** are pronounced the same way. In French there is also an open **o** sound, [ɔ]. In the words below, each **o** is in a syllable ending in a consonant sound. Look over the list and say the words after listening to your tape.

bonne	pomme	note
flotte	sommes	robe
votre	kiosque	porte

3. Look over the pairs of words on p. 209, then decide which word is pronounced open **o** [ɔ], as in **bonne**, and which is closed **o** [o], as in **faux**. Identify all the words with the open **o** sound, then say each pair of words aloud.

   a. gomme / gros
   b. lot / lotte
   c. tôt / tonne
   d. mode / mot
   e. pot / porte

Chapitre 9 ❖ LA SOIRÉE INTERNATIONALE

PREMIER ÉPISODE

ACTIVITÉ 1: VOULOIR OU POUVOIR (VOIR PAGE 277)

Listen and check (✓) the verb you hear in each dialogue. The first one has been done for you.

	VOULOIR	POUVOIR			VOULOIR	POUVOIR
1.	☐	☑		5.	☐	☐
2.	☐	☐		6.	☐	☐
3.	☐	☐		7.	☐	☐
4.	☐	☐		8.	☐	☐

ACTIVITÉ 2: EST-CE QU'ILS ONT PU LE FAIRE?

Yesterday was a sunny day and everyone wanted to be outside. Listen and decide whether they were able to do what they wanted. Write oui or non. The first one has been done for you.

1. _____oui_____

2. _____

3. _____

4. _____

5. _____

Activité 3: La Politesse (voir page 278)

A. *You are at a party and overhear several snatches of conversation. Some of the people you hear are speaking very politely to each other. Others are speaking to each other less formally. Listen and check Formel or Informel.*

	FORMEL	INFORMEL			FORMEL	INFORMEL
1.	☐	☐		5.	☐	☐
2.	☐	☐		6.	☐	☐
3.	☐	☐		7.	☐	☐
4.	☐	☐				

B. *Listen again. For the items you marked* INFORMEL *write a more formal request.*

MODÈLE: "Est-ce que tu peux aller me chercher un peu plus de fromage?"
<u>Pourriez-vous aller me chercher un peu plus de fromage?</u>

1. _____

2. _____

3. _____

DEUXIÈME ÉPISODE

Activité: 4: L'impératif

All your friends come to you for advice. Listen to their problems, then decide which of the following is the best advice.

MODÈLE: ☐ Alors, travaille plus.

☐ Alors, ne bois pas trop.

1. ☐ Eh bien, ne mangez pas.

☐ Eh bien, ne buvez pas.

2. ☐ Reste à la maison.

☐ Parle à ton médecin.

3. ☐ Alors, ne travaille pas trop.

☐ Alors, va voir ton prof.

4. ☐ Ayons un peu de patience.

☐ Soyons un peu plus sympa avec Thomas.

5. ☐ Mettez un tee-shirt.

☐ Mettez un pull.

TROISIÈME ÉPISODE

ACTIVITÉ 5: LES LOISIRS

A. *Listen to Claire and Timothée describe their ideal vacations. Then decide whether the following sentences are* vrai *or* faux.

CLAIRE

1. Claire veut passer des vacances calmes. _____

2. Elle veut rencontrer beaucoup de gens. _____

3. Elle a envie de faire du ski de fond. _____

4. Elle veut jouer aux dames avec les habitants de l'hôtel. _____

5. Elle joue du violon. _____

6. Elle va apporter son journal. _____

TIMOTHÉE

1. Timothée passe ses vacances seul. _____

2. Ils vont d'abord à Hollywood. _____

3. À New York, ils passent du temps à Central Park. _____

4. En Floride, il joue au volley-ball et fait de la planche à voile. _____

5. Ses amis font du VTT avec lui au Colorado. _____

6. Ils rentrent en France bien fatigués. _____

B. QUELLES VACANCES VOUS CONVIENNENT? *You have a month's vacation. Listen again to Claire and Timothée. Answer the questions.*

1. _____
   _____

2. _____
   _____

3. _____
   _____

ACTIVITÉ 6: LES PRONOMS OBJETS DIRECTS (VOIR PAGE 290)

Listen and check (✓) the correct response.

MODÈLE: ___✓___ Oui, je vais la regarder.   _____ Oui, je l'ai regardé.

1. _____ Non, ils n'y sont pas allés.   _____ Non, ils ne sont pas en allés.

2. _____ Oui, il les a déjà achetées.   _____ Oui, il les a déjà achetés.

3. _____ Oui, nous allons vous l'envoyer.   _____ Oui, nous allons vous en envoyer.

4. _____ Oui, ils l'ont invité.   _____ Non, ils ne l'ont pas invitée.

5. _____ Bien sûr, je vais vous écrire.   _____ Non, je ne vais pas les écrire.

QUATRIÈME ÉPISODE

ACTIVITÉ 7: L'IMPÉRATIF AVEC LES PRONOMS (VOIR PAGE 296)

What could you say to your friends in the following situations? Use y, en, le, la, les, *or* moi *in your answers.*

MODÈLE: ___Rendez-les.___ (rendre)

1. _____ (aller)   4. _____ (acheter)

2. _____ (faire)   5. _____ (parler)

3. _____ (fumer)

ACTIVITÉ 8: PRONONCIATION (VOIR PAGE 304)

1. Listen and repeat the words below. Be sure to pronounce the articles, adjectives, numbers (l', un, une, cet, cette, mon, six) to show the h is mute, and the word begins with a vowel sound.

un hôtel	l'hôtel	cet hôtel	mon hôtel
un hôpital	l'hôpital	cet hôpital	ton hôpital
un homme	l'homme	cet homme	vos hommes
une histoire	l'histoire	cette histoire	mes histoires
une heure	l'heure	cette heure	six heures

2. Listen and repeat the words below. Be sure to *avoid* linking these words with the consonants that precede them or dropping the vowel of the article.

la harpe	le hasard (*chance; luck*)	les haricots
la haine (*hate*)	le héros (*the hero*)	les handicapés
la Hollande	le hockey	les hors-d'œuvre

3. Pronounce these words.

thé   Thierry   mathématiques   bibliothèque

4. Listen and repeat the words below.

a. l'hôtel   d. l'hôpital   g. le héros
b. le hasard   e. la Hollande   h. l'heure
c. les haricots   f. l'homme   i. les hors-d'œuvre

Chapitre 10 ◆ UNE JOURNÉE DIFFICILE

PREMIER ÉPISODE

ACTIVITÉ 1: CONNAÎTRE OU SAVOIR?

Which verb is used? Listen to the following sentences and check the verb that you hear used. The first one has been done for you.

	SAVOIR	CONNAÎTRE			SAVOIR	CONNAÎTRE
1.	☐	☑		6.	☐	☐
2.	☐	☐		7.	☐	☐
3.	☐	☐		8.	☐	☐
4.	☐	☐		9.	☐	☐
5.	☐	☐		10.	☐	☐

ACTIVITÉ 2: QUE SAVENT-ILS? QUE CONNAISSENT-ILS?

A. QUI VA AVOIR LA MEILLEURE NOTE? *Henri, Anne, and Maurice are taking a midterm exam this afternoon in their American Civilization course. Listen and check the areas in which they are well prepared. Based on your notes, predict who will have the best grade.*

	NOMS DES PRÉSIDENTS	LITTÉRATURE AMÉRICAINE	DATES DES GUERRES	CAPITALES D'ÉTAT
Henri				
Anne				
Maurice				

Qui va avoir la meilleure note? _____

B. QUI VA AVOIR LA POSITION? A local tourist agency is looking for someone to lead a tour of the cities of Rome and Florence. Marie, Charles, and Simone all apply. Listen to their qualifications and, based on your notes, decide who is the most qualified.

	PARLE FRANÇAIS/ ITALIEN/ANGLAIS	HISTOIRE ET CIVILISATION	CUISINE ITALIENNE	FLORENCE ET ROME
Marie				
Charles				
Simone				

Qui va avoir la position? _____

ACTIVITÉ 3: ET VOUS?

Answer the following questions in complete sentences. Make sure to use savoir or connaître in your answers.

1. _____

_____

2. _____

_____

3. _____

_____

4. _____

_____

DEUXIÈME ÉPISODE

ACTIVITÉ 4: MOI, JE ME LÈVE À...

Marc and Marie-Pierre are chatting about some of their daily activities. Listen to their conversation and fill in the missing information.

	MARC	**MARIE-PIERRE**
se lève	8:00	_____
se couche	_____	9:30
se rase	oui	_____
se brosse les dents	_____	oui
se coiffe	non	_____
se maquille	non	_____

ACTIVITÉ 5: ET VOUS?

What are your daily habits like? Answer the following questions. Make sure to answer in complete sentences.

1. _____
2. _____
3. _____
4. _____
5. _____
6. _____
7. _____

ACTIVITÉ 6: QUELLE EST LA BONNE RÉPONSE?

Listen and select the best response for the following questions.

MODÈLE: ☐ Oui, elles se parlent souvent.

☐ Non, elles ne se parlent pas souvent.

1. ☐ Non, on ne se dépêche pas.

   ☐ Oui, ils se dépêchent.

2. ☐ Moi, je me lève à six heures du matin.

   ☐ Nous, nous nous levons à midi.

3. ☐ Oui, nous aimons nous promener tous les soirs après le dîner.

   ☐ Oui, nous nous réveillons très tôt le matin.

4. ☐ Oui, ils se parlent souvent.

   ☐ Non, ils ne s'embrassent pas.

5. ☐ Non, je ne me parle jamais!

   ☐ Non, je ne m'inquiète pas du tout.

TROISIÈME ÉPISODE

ACTIVITÉ 7: LES VERBES PRONOMINAUX À L'IMPERATIF

A. *Listen. Are these imperatives affirmative or negative? Listen and check (✔) the correct answer.*

	AFFIRMATIF	NEGATIF			AFFIRMATIF	NEGATIF
MODÈLE:	✔	_____		**5.**	_____	_____
1.	_____	_____		**6.**	_____	_____
2.	_____	_____		**7.**	_____	_____
3.	_____	_____		**8.**	_____	_____
4.	_____	_____		**9.**	_____	_____

B. *Listen again and write the sentences you hear.*

MODÈLE: <u>Lève-toi de bonne heure.</u>

1. _____

2. _____

3. _____

4. _____

5. _____

6. _____

7. _____

8. _____

9. _____

ACTIVITÉ 8: LES VERBES PRONOMINAUX AU PASSÉ COMPOSÉ

A. *Listen carefully to each sentence. Check (✓) the correct form of the verbs you hear. Are the correct forms masculine or feminine?*

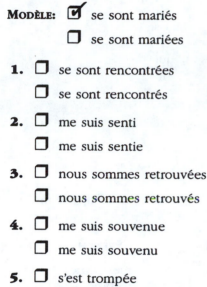

MODÈLE: ☑ se sont mariés

☐ se sont mariées

1. ☐ se sont rencontrées

☐ se sont rencontrés

2. ☐ me suis senti

☐ me suis sentie

3. ☐ nous sommes retrouvées

☐ nous sommes retrouvés

4. ☐ me suis souvenue

☐ me suis souvenu

5. ☐ s'est trompée

☐ s'est trompé

B. *Your friend is being a little bossy. Fortunately you are able to stay one step ahead of her. Listen and write the response as in the example.*

MODÈLE: <u>Mais, je me suis déjà maquillée.</u>

1. _____

2. _____

3. _____

4. _____

5. _____

ACTIVITÉ 9: PRONONCIATION (VOIR PAGE 334)

LA TENSION

1. Look at the contrast between the English and the French words below. Listen and repeat, being sure to distinguish the pure vowels of French from English diphthongs.

ENGLISH	FRENCH
May	mes
key	qui
tow	tôt

2. Listen and repeat the following French words. Be sure to hold the vowel sounds steady.

beau	mes	joli
photo	chanter	aussi
chaud	parlé	si
tôt	j'ai	qui
gros	fait	rit

3. Listen and say the following French words.

habitude	lampe
belle	carte
tartine	

4. Now say the words below aloud, and compare the sound of the final consonants of the English and French words.

ENGLISH	FRENCH	ENGLISH	FRENCH
band	bande	Mexican	mexicaine
fig	figue	tip	type
sell	selle	but	botte

1. _____

2. _____

3. _____

4. _____

5. _____

ACTIVITÉ 8: PRONONCIATION (VOIR PAGE 365)

LES SONS [ø] ET [œ]

1. Listen and say the following words, being careful to keep your lips rounded.

bleu	feu	queue
ceux	jeudi	veux
deux	peu	yeux
eux		

2. Listen and pronounce the following words.

beurre	neuf	seul
heure	peur	veulent
jeune	soeur	

3. Now read the following sentences out loud. Each time you come to a word with either [ø] or [œ], write it down and indicate which sound is represented.

a. 'Il pleure dans mon cœur comme il pleut sur la ville.'
b. Le professeur veut que les étudiants paresseux travaillent un peu plus.
c. Les fleurs sont dans un pot bleu.
d. Ma sœur a mis deux kilos de beurre dans son caddie (cart).
e. Nous avons peur d'être seuls.
f. Ils peuvent venir à neuf heures.

Chapitre 12 • ÇA S'ARROSE!

PREMIER ÉPISODE

ACTIVITÉ 1: L'ORDRE DES PRONOMS (VOIR PAGE 371)

A. *PRONONCIATION* Listen to the following questions and answers. Repeat what you hear.

B. Answer the following questions using two pronouns. Answer questions 1–5 in the affirmative and questions 6–10 in the negative. You may need to stop the tape after each question.

MODÈLE: <u>Oui, elle me les apprend.</u>
ou   <u>Non, elle ne me les apprend pas.</u>

AFFIRMATIF

1. _____

2. _____

3. _____

4. _____

5. _____

NÉGATIF

6. _____

7. _____

8. _____

9. _____

10. _____

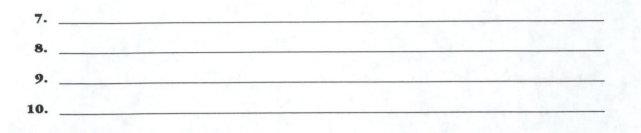

ACTIVITÉ 2: L'ORDRE DES PRONOMS ET PASSÉ COMPOSÉ

Listen to the questions and check (✓) the correct response. Remember the past participle agreement rule.

MODÈLE: ☐ Oui, ils la leur ont expliquée.

☐ Oui, ils le leur ont expliqué.

1. ☐ Oui, je leur en ai écrit.

☐ Oui, je la leur écrite.

2. ☐ Oui, elles me l'ont posé.

☐ Non, elles ne me l'ont pas posée.

3. ☐ Non, nous ne les y avons pas mis.

☐ Oui, nous les y avons mises.

4. ☐ Mais bien sûr, je les leur ai envoyés.

☐ Mais bien sûr, je les leur ai envoyées.

5. ☐ Non, je ne les leur ai pas encore montrées.

☐ Non, je ne les leur ai pas encore montrés.

DEUXIÈME ÉPISODE

ACTIVITÉ 3: LE VERBE *DEVOIR.* QUE SE PASSE-T-IL? QUE S'EST-IL PASSÉ?

Read the sentences on the right. Then listen to the sentences on the tape. Choose the sentence on the right that best explains the sentences you hear. Write the letter of that sentence on the line. The first one has been done for you.

MODÈLE: ___*d*___

1. _____

2. _____

a. Il a du trouver les milles francs.

b. Il a du rater son train.

c. Elle doit être malade.

3. _____	**d.** Elle a du être retenue.
4. _____	**e.** Il doit être chez Stéphanie dans cinq minutes.
5. _____	**f.** Il lui doit mille francs.
6. _____	**g.** Elle doit le lui rendre ce soir.
7. _____	**h.** Je devais vous téléphoner mais j'ai oublié.

TROISIÈME ÉPISODE

ACTIVITÉ 4: LE SUBJONCTIF (VOIR PAGE 386)

René, who works as a fitness instructor, is giving advice to his clients. Listen and write oui if he is using the subjunctive; write non, if he is not.

MODÈLE: _____oui_____

1. _____

2. _____

3. _____

4. _____

5. _____

ACTIVITÉ 5 ÊTES-VOUS D'ACCORD?

Listen to the following advice on how to do well in French class. Do you agree or disagree? Check (✔) your answer.

	D'ACCORD	PAS D'ACCORD
1.	☐	☐
2.	☐	☐
3.	☐	☐
4.	☐	☐
5.	☐	☐
6.	☐	☐

ACTIVITÉ 6: LES RÈGLES DE LA MAISON

A. You are spending a semester in France and have just arrived at Madame Ducamp's apartment where you will be living. The first night she tells you the house rules and guidelines. Some of them will seem reasonable, others won't. For each one, check Raisonnable or Pas Raisonnable

	RAISONNABLE	PAS RAISONNABLE
1.	☐	☐
2.	☐	☐
3.	☐	☐
4.	☐	☐
5.	☐	☐
6.	☐	☐
7.	☐	☐
8.	☐	☐
9.	☐	☐

B. Listen again. This time stop the tape after each rule or guideline that seemed unreasonable. Using expressions like il faut que, il est indispensable que, il est douteux que, il n'est pas sûr, write a response.

MODÈLE: Il n'est pas sûr que je puisse vous prévenir un jour à l'avance quand je vais avoir
des invités.

_____

_____

_____

_____

_____

_____

_____

ACTIVITÉ 7: PRONONCIATION (VOIR PAGE 399)

[p] [t] [k]

1. Listen and pronounce the following words in French, paying special attention to producing a minimal puff of air as you say them.

papa	table	câble
Paris	tante	que
peux	tout	kiosque
pot	ton	côté

2. Use words from the lists above and other words you know beginning with [p], [t], and [k], and make up five sentences. Read them aloud, again being careful to produce a minimal puff of air.

Chapitre 13 ◦ NOBLESSE OBLIGE

PREMIER ÉPISODE

ACTIVITÉ 1: LE FUTUR (VOIR PAGE 404)

A. *Everyone is thinking about what they will do next summer. Listen, then write the name of the person or people below the picture that best represents their plans.*

Les Chartrand   Sébastien   Héloise
Jean   Les Mercier

MODÈLE: 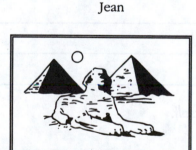 _____

1.  _____

2. _____

3. _____

4. _____

B. *Now answer the following questions. Write complete sentences.*

1. _____

2. _____

3. _____

4. _____

5. _____

6. _____

C. *Now listen and answer these questions about yourself.*

_____

_____

_____

_____

_____

_____

DEUXIÈME ÉPISODE

ACTIVITÉ 2: LES VERBES EN IR (VOIR PAGE 410)

Listen and check (✓) the form of the verb you hear.

MODÈLE: a. je choisis ✓

b. j'ai choisi

1. a. je résisterai

b. je résistais

2. a. Benjamin rougit

b. Benjamin a rougit

3. a. je ne finissait pas

b. je ne finirai pas

4. a. elle choisisse

b. elle a choisit

5. a. les étudiants ne réfléchissent pas

b. les étudiants ne réfléchissaient pas

6. a. elle me punira

b. elle me punit

7. a. nous ne finissons jamais

b. nous ne finirons jamais

8. a. il ne lui a pas obéi

b. il ne lui obéit pas

TROISIÈME ÉPISODE

ACTIVITÉ 3: LES ADVERBES (VOIR PAGE 415)

Today Monsieur Bouverot is either a little hard of hearing or is distracted. Listen to the following exchanges between Madame Bouverot and her husband. Fill in the adverb that Madame Bouverot is forced to repeat.

MODÈLE: _fréquemment_

1. _____

2. _____

3. _____

4. _____

5. _____

6. _____

7. _____

8. _____

ACTIVITÉ 4: QUELQUES ADVERBES DE MANIÈRE ET DE LIEU

Listen to the following exchanges and decide whether the speakers agree. Check oui *if they agree and* non *if they don't.*

	OUI	NON
MODÈLE:	☐	☑
1.	☐	☐
2.	☐	☐
3.	☐	☐
4.	☐	☐
5.	☐	☐

QUATRIÈME ÉPISODE

ACTIVITÉ 5: QUELQUES EXPRESSIONS DE TEMPS (VOIR PAGE 420)

Listen to the following conversation and answer the questions.

1. Patricia étudie le français depuis combien de temps?

   _____

2. Anne étudie l'anglais depuis combien de temps?

   _____

3. Quand ira-t-elle en Angleterre?

_____

4. Elle va y rester pendant combien de temps?

_____

5. Selon l'avis de Patricia, est-ce qu'on peut bien apprendre une langue en quelques jours?

_____

6. Quand est-ce que Anne aura son diplôme?

_____

7. Patricia va rester en France pendant combien de temps?

_____

ACTIVITÉ 6: PRONONCIATION (VOIR PAGE 427)

LES SONS [l] ET [J]

1. Listen and repeat the following words.

allemand	dollar	naturel
allez	lecture	politique
belle	lettre	seul
collant	livre	solution

2. Now listen as the following words are read.

travaille	vieille	juillet
meilleur	fille	oeil

3. Now using what you have learned, read the following phrases aloud. Then copy them on a sheet of paper and circle all the **l**'s that sound like [į] and underline all the **l**'s that sound like [l].

a. Marseille est une belle ville.
b. Il a gagné mille dollars à la loterie.
c. Mes filles sont très gentilles.
d. Elles habitent dans un petit village tranquille.

Chapitre 14 ◆ LA DISPUTE

PREMIER ÉPISODE

ACTIVITÉ 1: LE CONDITONNEL (VOIR PAGE 432) ET LES PROPOSITIONS AVEC SI (VOIR PAGE 439)

A. *One of Catherine Bouverot's homework assignments for tonight is to ask everyone in her family whether they would enjoy living abroad. Listen to their responses and check* oui *or* non.

	OUI	**NON**
1. Madame Bouverot	☐	☐
2. Monsieur Bouverot	☐	☐
3. Tante Cécile	☐	☐
4. Dominique	☐	☐
5. Pierre	☐	☐
6. Benjamin	☐	☐

B. *Read the questions. Listen again and write the answers.*

1. Pourquoi Madame Bouverot aimerait-elle vivre à l'étranger?

_____

2. Monsieur Bouverot, aimerait-il vivre à l'étranger? Quelle raison donne-t-il?

_____

3. Est-ce que cela plairait à Tante Cécile de vivre à l'étranger? Pourquoi ou pourquoi pas?

_____

4. Si Pierre vivait à l'étranger, où vivrait-il?

_____

5. À votre avis, est-ce que Benjamin a répondu sérieusement à la question? Justifiez votre réponse.

_____

_C._ _The second part of Catherine's assignment is to ask herself the question and give several reasons to justify her answer. Listen to what she says. Then decide whether the statements below are_ vrai _or_ faux.

1. Catherine voudrait bien vivre à l'étranger. _____

2. Si elle vivait au Japon, elle étudierait l'Aikido. _____

3. Elle saurait préparer les sushi. _____

4. Si elle vivait en Californie, elle habiterait toute seule. _____

5. Elle mangerait des hamburgers tous les soirs. _____

6. Elle connaîtrait Arnold Schwartzenegger. _____

7. Si sa famille lui rendait visite, ils iraient à la plage. _____

8. Elle leur apprendrait comment faire de la planche à voile. _____

DEUXIÈME ÉPISODE

ACTIVITÉ 2: LES PROPOSITIONS AVEC SI (VOIR PAGE 439)

Listen and check (✓) the phrase that would best complete what you hear.

MODÈLE: a. tu l'aimerais ✓

      b. tu l'aimeras

1. a. téléphone-moi

     b. tu me téléphonerais

2. a. ils le trouveraient très intéressant.

   b. ils le trouveront très intéressant.

3. a. si elle ne perdait pas son numéro de téléphone.

   b. si elle ne perd pas son numéro de téléphone.

4. a. tu feras la même chose.

   b. tu ferais la même chose.

5. a. si elle n'oublierait pas

   b. si elle n'oublie pas

TROISIÈME ÉPISODE

ACTIVITÉ 3: LE COMPARATIF (VOIR PAGE 444)

Listen to Pierre and Lucie talk about their friends Jean and Marie. Read the statements below. Are they vrai *or* faux?

MODÈLE: Lucie pense que Marie est plus sympathique que Jean. __Faux__

1. Pierre pense que Marie est moins intelligente que Jean. _____

2. Lucie pense que Jean est aussi intelligent que Marie. _____

3. Selon l'avis de Pierre, Marie étudie plus que Jean. _____

4. Lucie pense que Marie étudie beaucoup moins que Jean. _____

5. Jean est probablement moins poli que Marie. _____

6. Jean est le seul petit ami de Marie. _____

ACTIVITÉ 4: LE SUPERLATIF (VOIR PAGE 451)

A. *Listen and decide whether or not you agree with the following statements. Check* oui *or* non.

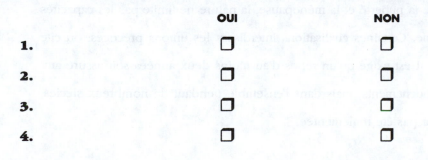

	OUI	NON
1.	☐	☐
2.	☐	☐
3.	☐	☐
4.	☐	☐

LA DISPUTE

5. ☐ ☐

6. ☐ ☐

7. ☐ ☐

8. ☐ ☐

B. *Listen again. This time stop the tape after each statement you disagreed with. Using* le super-latif, *write what you think would be a more accurate statement.*

MODÈLE: (Numéro 1) <u>*Gérard Depardieu est le meilleur acteur du monde.*</u>

(   ) _____

(   ) _____

(   ) _____

(   ) _____

(   ) _____

(   ) _____

(   ) _____

ACTIVITÉ 5: LECTURE (VOIR PAGE 453)

Lisez rapidement le paragraphe suivant. Ne vous inquiétez pas si vous ne comprenez pas tous les mots. N'oubliez pas que vous cherchez les idées centrales du passage.

Un des problèmes essentiels qui se posent à propos de la femme, c'est, avons-nous vu, la conciliation de son rôle reproducteur et de son travail producteur. La raison profonde qui, à l'origine de l'histoire, voue la femme au travail domestique et lui interdit de prendre part à la construction du monde, c'est son asservissement à la fonction génératrice. Chez les femelles animales, il y a un rythme du rut et des saisons qui assure l'économie de leurs forces; au contraire entre la puberté et la ménopause, la nature ne limite pas les capacités de gestation de la femme. Certaines civilisations interdisent les unions précoces; on cite des tribus indiennes où il est exigé qu'un repos d'au moins deux années soit assuré aux femmes entre leurs accouchements; mais dans l'ensemble pendant de nombreux siècles, la fécondité féminine n'a pas été réglementée.

ACTIVITÉ 6: PRONONCIATION (VOIR PAGE 457)

1. Listen and repeat the following words, paying special attention to the [ə] sound.

regardez	te	le
petit	première	cela
je	que	mercredi

2. Listen and repeat each sentence. Every time you hear [ə] pronounced as in **je**, underline it.
   If the **e** is silent, draw a line through it.

   a. Nous prenons le bus le samedi.
   b. Je te verrai demain.
   c. Elle ne sait pas si elle va acheter cette robe.
   d. Ils prennent un litre de vin et des pommes de terre.
   e. Je le ferai mercredi prochain.

Chapitre 15 ◆ LA VIE EN ROSE

PREMIER ÉPISODE

ACTIVITÉ 1: LA NÉGATION (SUITE) (VOIR PAGE 462)

A. *Listen and fill in the blanks with the missing words.*

SÉBASTIEN: Alors, 1. __personne__ n'a trouvé de stage?

CLAIRE: 2. _____ .

SÉBASTIEN: C'est vrai qu'il n'y en a 3. _____ beaucoup cette année. Est-ce que tu as déjà écrit ton c.v.?

CLAIRE: Mais, bien sûr! Pourquoi? Tu ne l'as 4. _____ fait?

SÉBASTIEN: Non, 5. _____ , je pensais le faire ce weekend.

CLAIRE: Tu as au moins commencé à chercher des renseignements!?

SÉBASTIEN: Euh...non, je n'ai 6. _____ commencé à chercher des

renseignements 7. _____ pensé à ce que je pourrais faire.

CLAIRE: Mais, écoute... Si tu veux trouver un stage, il faut agir vite.

SÉBASTIEN: Mais enfin! Pourquoi faire? Tu l'as dit toi-même que 8. _____ n'a trouvé de stage. Moi, je préfère passer l'été... en écrivant...

CLAIRE: Sébastien, moi aussi, j'aimerais passer les vacances en lisant et en écrivant de la

poésie, mais il n'y a 9. _____ ça dans la vie.

SÉBASTIEN: Ah bon?

B. *Listen to these statements. Based on the preceding conversation, decide whether they are* vrai *or* faux.

1. _____faux_____   5. _____

2. _____   6. _____

3. _____   7. _____

4. _____

ACTIVITÉ 2: QUELLE EST LA BONNE RÉPONSE?

Choose the best answer.

MODÈLE: ☐ Non, nous ne le connaissons pas encore.
☑ Non, nous ne le connaissons plus.

1. ☐ Je ne regarde plus.
   ☐ Je ne regarde personne.

2. ☐ Nous n'avons pas encore compris.
   ☐ Nous n'avons rien compris.

3. ☐ Je ne pense à personne.
   ☐ Je ne pense à rien.

4. ☐ Je n'ai vu ni Bernard ni Sophie.
   ☐ Je n'ai rien vu.

5. ☐ Non, ils ne l'ont pas encore rencontrée.
   ☐ Non, ils n'ont ni rencontré Bernard ni rencontré Sophie.

6. ☐ Personne n'est arrivé.
   ☐ Rien n'est trop dur.

7. ☐ Mais non, elles n'ont mangé que deux ou trois biscuits.
   ☐ Mais non, il n'y a que des biscuits à manger.

DEUXIÈME ÉPISODE

ACTIVITÉ 3: LES VERBES COMME OUVRIR (VOIR PAGE 468)

Check the question that fits with the answers you hear.

MODÈLE: ☑ Est-ce qu'ils ont déjà ouvert leurs cadeaux?

☐ Est-ce qu'ils ont déjà découvert leurs cadeaux?

1. ☐ Est-ce que tu as offert du vin à Claude?
   ☐ As-tu beaucoup souffert?

2. ☐ Avez-vous découvert son secret?
   ☐ Avez-vous recouvert l'omelette?

3. ☐ Après son départ, est-ce qu'elle a découvert son secret?
   ☐ Après son départ, est-ce qu'elle a beaucoup souffert?

4. ☐ Faut-il couvrir les asperges?
   ☐ Faut-il souffrir dans l'amour?

5. ☐ Ils ouvrent à quelle heure?
   ☐ Il ouvre à quelle heure?

TROISIÈME ÉPISODE

ACTIVITÉ 4: LES PRONOMS RELATIFS (SUITE) (VOIR PAGE 472)

Listen to the following clues and check (✓) the correct answers.

MODÈLE: a. La Chine   b. L'Espagne   ✓ c. La Suisse.

1. a. Humphrey Bogart   b. Kathryn Hepburn   c. Ingrid Bergman

2. a. *For Whom The Bell Tolls*   b. *Le Rouge et le Noir*   c. *Notre Dame de Paris*

3. a. L'Allemagne   b. L'Italie   c. Les États-Unis

4. a. Van Gogh   b. Rembrandt   c. Gauguin

5. a. Camus   b. De Beauvoir   c. Sartre

QUATRIÈME ÉPISODE

ACTIVITÉ 5: VOIR OU CROIRE? (VOIR PAGE 477)

Which verb is being used, voir or croire? Listen to the following exchanges.

	VOIR	CROIRE
1.	☐	☐
2.	☐	☐
3.	☐	☐
4.	☐	☐
5.	☐	☐
6.	☐	☐
7.	☐	☐
8.	☐	☐
9.	☐	☐
10.	☐	☐

ACTIVITÉ 6: ET VOUS?

Answer the following questions. Make sure to use either voir or croire in your answers.

1. _____

_____

2. _____

_____

3. _____

_____

4. _____

_____

5. _____

_____

ACTIVITÉ 7: LES RELATIONS HUMAINES (VOIR PAGE 478)

Julie and Florence are at a cafe. Listen to their conversation. Then answer the questions.

1. De qui et de quoi parlent-elles?

   _____

   _____

2. Quand est-ce qu'ils vont se fiancer?

   _____

3. Est-ce que les parents de la fiancée sont pour ou contre l'idée du mariage?

   _____

4. Qu'est-ce une alliance?

   _____

5. Est-ce que Julie va assister aux fiançailles?

   _____

ACTIVITÉ 8: PRONONCIATION (VOIR PAGE 486 ET 480)

SPEECH CHAINS

1. Listen and repeat the words below.

   a. pe**tite**   mai**son**   cam**pagne**

      Il a une petite maison de cam**pagne**.

   b. a**vons**   fi**ni**   le**çons**

      Nous avons fini nos le**çons**.

   c. néces**saire**   répé**ter**   vocabu**laire**

      Il est nécessaire de répéter le vocabu**laire**.

Listen to the following poem by Léopold Senghor.

Femme noire

Femme nue, femme noire
Vêtue de ta couleur qui est vie, de ta forme qui est beauté!
J'ai grandi à ton ombre; la douceur de tes mains bandait mes yeux.
Et voilà qu'au cœur de l'Été et de Midi, je te découvre Terre
     promise, du haut d'un col calciné
Et ta beauté me foudroie en plein cœur, comme l'éclair d'un aigle...

Femme nue, femme noire
Je chante ta beauté qui passe, forme que je fixe dans l'Éternel,
Avant que le Destin jaloux ne te réduise en cendres pour nourrir les
     racines de la vie.